A EQUAÇÃO DA AFETIVIDADE
Como lidar com a raiva de crianças e adolescentes

PAPIRUS ✦ DEBATES

A coleção Papirus Debates foi criada em 2003 com o objetivo de trazer a você, leitor, os temas que pautam as discussões de nosso tempo, tanto na esfera individual como na coletiva. Por meio de diálogos propostos, registrados e depois convertidos em texto por nossa equipe, os livros desta coleção apresentam o ponto de vista e as reflexões dos principais pensadores da atualidade no Brasil, em leitura agradável e provocadora.

IVAN CAPELATTO
IURI CAPELATTO

A EQUAÇÃO DA AFETIVIDADE
Como lidar com a raiva de crianças e adolescentes

PAPIRUS 7 MARES

Capa	Fernando Cornacchia
Foto de capa	Rennato Testa
Coordenação	Ana Carolina Freitas
Transcrição	Nestor Tsu
Ilustrações	Lívia Lucena de Medeiros Capelatto
Edição	Ana Carolina Freitas e Anna Carolina Garcia de Souza
Diagramação	DPG Editora
Revisão	Daniele Débora de Souza, Isabel Petronilha Costa e Maria Lúcia A. Maier

Dados Internacionais de Catalogação na Publicação (CIP)
(Câmara Brasileira do Livro, SP, Brasil)

Capelatto, Ivan
 A equação da afetividade: Como lidar com a raiva de crianças e adolescentes/Ivan Capelatto, Iuri Capelatto. – Campinas, SP: Papirus 7 Mares, 2012. – (Coleção Papirus Debates)

ISBN 978-85-61773-24-3

1. Agressividade em adolescentes 2. Agressividade em crianças 3. Crianças – Desenvolvimento 4. Educação afetiva 5. Educação de crianças 6. Pais e filhos 7. Raiva em adolescentes 8. Raiva em crianças I. Capelatto, Iuri. II. Título. III. Série.

12-03286   CDD-155.47

Índices para catálogo sistemático:

1. Agressividade em adolescentes: Psicologia   155.47
2. Agressividade em crianças: Psicologia   155.47
3. Raiva em adolescentes: Psicologia   155.47
4. Raiva em crianças: Psicologia   155.47

1ª Edição – 2012
10ª Reimpressão – 2024
Tiragem: 150 exs.

Exceto no caso de citações, a grafia deste livro está atualizada segundo o Acordo Ortográfico da Língua Portuguesa adotado no Brasil a partir de 2009.

Proibida a reprodução total ou parcial da obra de acordo com a lei 9.610/98.
Editora afiliada à Associação Brasileira dos Direitos Reprográficos (ABDR).

DIREITOS RESERVADOS PARA A LÍNGUA PORTUGUESA:
© M.R. Cornacchia Editora Ltda. – Papirus 7 Mares
R. Barata Ribeiro, 79, sala 316 – CEP 13023-030 – Vila Itapura
Fone: (19) 3790-1300 – Campinas – São Paulo – Brasil
E-mail: editora@papirus.com.br – www.papirus.com.br

Primeiramente, agradecemos a Deus, que, com seu amor infinito, tornou possível a realização deste livro.

Agradecemos a nossa querida Heloisa (esposa e mãe), pelo seu apoio e carinho eternos.

À querida Lívia (nora e esposa), que nos ajudou diretamente, contribuindo com seus conhecimentos e sua capacidade, realizando os desenhos para localizar as regiões cerebrais.

A Igor (filho e irmão) e Kamilla (nora e cunhada), que sempre nos apoiaram em nossos trabalhos.

A nossos pacientes, suas famílias e seus cônjuges e companheiros, que confiaram a nós seus sofrimentos, suas crenças e sua vida.

A nossos colegas, que, na confiança de serem bem acolhidas na indicação, colocaram em nossas mãos pessoas que sentiram que seriam beneficiadas de nosso trabalho.

Finalmente, em especial, a todos da Papirus, pois possibilitaram nosso sonho de produzir um livro juntos.

A todos, nosso muito obrigado!

SUMÁRIO

Apresentação 9

A raiva como manifestação do medo 11

A vida não é feita só de prazeres 17

Desejo dos pais x autoritarismo 21

O certo e o errado: Saber não é fazer 27

Afetividade: Uma questão de cuidados e limites 37

Autonomia verdadeira 47

A equação afetiva: O medo dos pais como
demonstração do amor 55

Bullying em casa 63

Prazer imediato x desejo pela vida 69

A importância de saber esperar 77

Sobre o contato virtual 83

A raiva como um pedido de cuidado 93

Glossário 107

N.B. Na edição do texto, as palavras em **negrito** integram um **glossário** ao final do livro, com dados complementares sobre as pessoas citadas.

Apresentação

Todo processo é feito de etapas, cada qual com sua importância para o resultado final. Este livro é um exemplo disso. Ele é o resultado de muitas etapas de nossa vida.

As informações contidas aqui são fruto de muitos anos de estudo e de nossa experiência profissional. Buscamos, em nosso dia a dia, resgatar os valores familiares e os cuidados afetivos contidos nos relacionamentos humanos, tão desprezados e descartados pela sociedade atual.

A ideia de um livro de pai e filho em cojunto existia há algum tempo, desde que Iuri decidiu, aos 11 anos de idade, seguir a carreira de seus pais e estudar psicologia. Naquela época, já havia o sonho de um dia produzirmos algo juntos.

Essa ideia ganhou força quando, em 2010, fomos convidados pela Papirus a dar uma palestra em uma grande livraria em Campinas, no interior de São Paulo. Essa palestra ocorreu em 26 de outubro do mesmo ano, com o título: "Desenvolvimento emocional na infância e adolescência: Aspectos neurológicos e psicológicos". Com a plateia lotada, houve um debate muito produtivo, com direito à entrevista para a revista do principal jornal da cidade. Pensamos que aquela palestra poderia ter sido gravada e transformada em livro. E, então, a Papirus fez o convite para que isso fosse realizado.

Esse convite foi formalizado no segundo semestre de 2011, quando agendamos uma data para gravarmos um diálogo, seguindo a estrutura da coleção Papirus Debates. Em outubro de 2011, um ano após a palestra na livraria, gravamos o bate-papo sobre este tema pelo qual somos apaixonados e que buscamos sempre repassar às pessoas. Assim nasceu esta obra, a qual esperamos que todos apreciem.

Boa leitura e bom proveito a todos!

Ivan e *Iuri Capelatto*

A raiva como manifestação do medo

Ivan Capelatto – Bom, Iuri, você sabe que a raiva nada mais é que a manifestação do medo. E esse medo é resultado da ação de uma região de nosso cérebro da qual poucos ouviram falar, composta pelas amígdalas cerebrais.

Iuri Capelatto – Pois é, as amígdalas cerebrais fazem parte de nosso cérebro mais primitivo. Então, se pensarmos no desenvolvimento das espécies, elas estão presentes desde os répteis e anfíbios até os mamíferos, entre os quais nós, seres humanos. Trata-se de uma parte do cérebro que é responsável pela proteção do indivíduo, por sua reação diante dos perigos do mundo. As amígdalas são responsáveis pelas reações de medo, que farão com que lutemos ou fujamos. Essa parte do cérebro será acionada diante de qualquer coisa que possa gerar medo.

Existem hoje muitas pesquisas com animais que demonstram como as amígdalas funcionam. Por exemplo, ao analisarmos o cérebro de uma espécie bem agressiva de macaco, notamos que as amígdalas cerebrais estão em constante atividade. Suponhamos que esse macaco seja colocado em uma jaula e, ao tentar pegar comida, uma cobra (que é falsa, mas o macaco não sabe) seja inserida no ambiente. O animal fica extremamente agitado, sente medo e não consegue alcançar o alimento, levando muito tempo para pegá-lo. No momento em que os cientistas conseguem fazer cirurgicamente uma lesão nessas amígdalas, ou seja, conseguem que elas parem de funcionar, o macaco se torna extremamente dócil, carinhoso, calmo, sem noção de medo e perigo. Ele pega a comida e depois vai até a cobra, fazendo carinho nela. Ou seja, perde toda a agitação dentro da jaula. Mesmo os pesquisadores podem chegar perto do macaco e acariciá-lo. Ele torna-se também hipersexualizado, isto é, fica excitado facilmente. Com isso, é possível comprovar uma ideia antiga de que as amígdalas cerebrais estão relacionadas com a reação de medo. Elas já estão em pleno funcionamento desde a formação do feto na barriga da mãe a partir dos 45 dias, para que possamos nos proteger dos perigos ao nascimento. É por isto que o bebê reage a barulhos externos e a movimentos mais bruscos da mãe: por medo, por não saber o que está acontecendo do lado de fora. Trata-se de uma reação instintiva, não racional. O saber, o pensar, não muda essa reação, porque isso faz com que a gente se proteja do mundo externo. Quando as amígdalas cerebrais recebem a informação do meio de que há algo que pode ocasionar perigo ou perda, elas são acionadas. É comum que daí decorra um comportamento de fuga, paralisação, mas geralmente a reação é de raiva. Por exemplo, no momento em que a mãe pede para o filho de dois anos interromper a brincadeira e ir dormir, isso vai gerar na criança o medo de perder aquele prazer que estava tendo. Quando ela sente esse medo, as amígdalas são acionadas. E, então, sua expressão será de raiva, porque a criança não sabe como lidar com o medo.

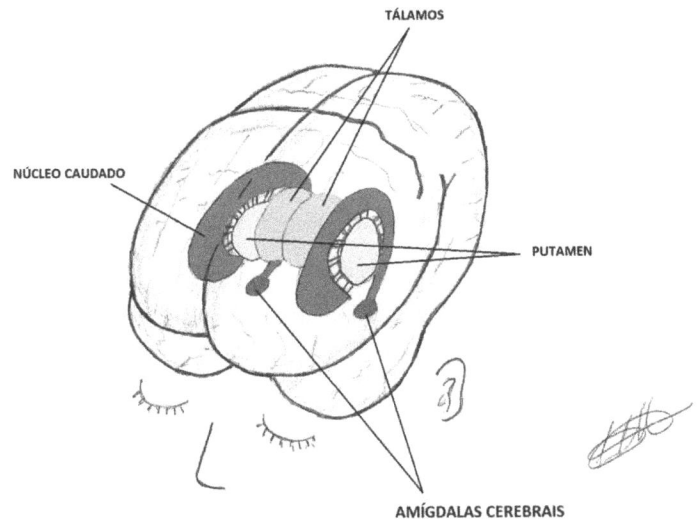

Ivan – Isso tudo acontece em pessoas normais, com amígdalas saudáveis. Costumamos dizer que a criança saudável, quando interrompida em seu brincar, em seu lazer, ou mesmo o bebê com fome, quando a mãe demora em lhe dar o alimento, vai reagir com raiva. Este último às vezes mordendo o mamilo da mãe. E a reação amigdalar – o medo, a ansiedade e a raiva – é sempre sinal de saúde. É um sinal de vida, de que o organismo está se protegendo. A reação amigdalar dá início à vida psicológica. A raiva dessa criança de dois anos de que você falou, Iuri, é normal, e vai dar início a uma vida psicológica que tem que ser administrada pelos pais e pelos educadores de maneira hábil, cuidadosa. Essa raiva tem sempre de ser entendida como uma manifestação do organismo saudável. Quando surge um desconforto e o medo não aparece, as amígdalas não funcionam, e isso é sinal de que alguma coisa está errada. Precisamos prestar atenção quando a criança boazinha começa a tomar o lugar dessa criança birrenta, chorona, que foi posta em situação de desconforto pelo adulto ou por outra criança, pois algo está errado. As amígdalas cerebrais são a história mais precoce das defesas humanas e de todos os animais. Se elas não funcionam é porque algo está errado.

Iuri – E esse é o nosso maior medo, porque pode ser o indício de uma grave patologia. Geralmente, se a criança, desde bem pequena, é muito boazinha, aceita e compreende quando os pais dizem, por exemplo: "Pare de brincar, vamos tomar banho", se ela nunca tem uma reação de birra, é sempre obediente e não questiona, isso tudo pode ser sinal de uma patologia muito grave chamada depressão infantil. O fato de uma criança sempre obedecer é indício da ausência de medo, de desconforto. Ou seja, ela não estava tendo o prazer para que fosse desconfortada nesse prazer, estava com os brinquedos por estar. Para ela, não há problema em retirar os brinquedos. Os pais falam "desligue a TV" e ela obedece: "*Tá* bom".

Ivan – A criança estava indiferente, estava brincando de forma indiferente. Então, ela começa a ficar indiferente a tudo, ou seja, tanto faz estar com os brinquedos, ou ir tomar banho, ou ir jantar ou dormir. E essa indiferença em crianças pequenas é um sinal patológico que pode significar depressão ou outra doença que precisaremos pesquisar. Não é sinal de criança boazinha e educada, porque a educação não se dá nessa época, é um processo contínuo, nunca termina. Dessa forma, essa criança boazinha é uma criança indiferente ao que está fazendo, por isso não sente nenhum desconforto.

Iuri – Nenhuma criança nasce sabendo as regras sociais ou como se comportar. Pelo contrário, nasce reagindo ao ambiente e aos limites impostos. E essa reação é sinal de saúde mental. O fato de a criança reagir com birra indica que ela estava tendo prazer e que houve desconforto. São os cuidados dos pais, da escola, da sociedade que vão, de maneira hábil e afetuosa, com limites, ensinar a criança a lidar com esse desconforto. Ela nunca vai deixar de sentir isso e essa é a grande questão. As amígdalas cerebrais nunca deixam de funcionar, desde a vida fetal até a morte. Desconforto é algo que vamos sentir durante a vida toda. Não existe um momento em que isso acaba: sempre nos sentiremos desconfortados, irritados e com raiva quando algo contrário ao nosso desejo acontecer. Como lidar com essa raiva é o que ensinamos e aprendemos nesse contínuo processo mencionado por você, Ivan. Não é algo que aprendemos de um dia para o outro, tampouco algo que deixamos de sentir. Não controlamos nossos sentimentos, tentamos primeiro controlar o comportamento. O sentimento é instintivo, não escolhemos o que sentir.

A vida não é feita só de prazeres

Ivan – É na tríade cuidado, afeto e limites que entra a educação. O que esse tripé – que, aliás, é tema de um livro da Papirus, *Cuidado, afeto e limites: Uma combinação possível* – faz? Faz com que tanto pais como filhos consigam suportar o desconforto, a raiva, a ação amigdalar. E suportar a ação amigdalar é aprender a substituir a sensação agradável que estávamos tendo por outra coisa, talvez não tão prazerosa, mas que dê à criança a possibilidade de saber que ela pode sentir a frustração de parar de brincar para tomar banho, que isso não lhe tirou nada, não a deixou desprovida de nada, nada de ruim aconteceu. E o mais importante é que, quando uma criança se sente desconfortada, com muita raiva, e vê a mãe, o pai ou o cuidador suportar isso, ela não se sente uma criança má. Quando é chamada a tomar banho e faz birra, e o cuidador não suporta essa crise, entrando ele próprio também em crise, gritando, batendo ou criticando: "Por que você age assim?", a criança começa a se sentir má.

O grande projeto psicanalítico da doutora **Melanie Klein** versava sobre isso, mostrava essa introjeção do sentimento de ser mau. "Sou uma pessoa má porque olha só o que causo, e sem fazer nada. Eu fiz birra e o adulto desmoronou." A ação amigdalar é necessária. Os pais e educadores precisam compreender que a birra e o medo são normais, que a raiva é filha do medo e que se há desconforto existe medo, se há medo existe raiva. Essa dinâmica é normal no bebê, na criança, no adolescente e no adulto. Somos educados para suportar isso. Mas esse tipo de reação nunca deixa de acontecer. E os pais, na qualidade de educadores, deveriam ter o apoio do sistema político e social, o que infelizmente não existe. Hoje, a sociedade não participa mais da educação informal, porque não há instituições sociais que estejam junto com os pais. Nós temos a escola, mas às vezes essa instituição não suporta muito bem a ideia de ver um aluno fazendo birra, sentindo raiva. Algumas escolas punem, suspendem, expulsam, mandam comunicados para os pais; não têm discernimento sobre a questão de que estamos tratando aqui. Talvez elas não tenham atingido ainda a ideia de suportar esse comportamento, de procurar saber do que o aluno está sofrendo, levando-o ao orientador, ao psicólogo da escola. Se o aluno está de birra ou agressivo, é porque está sofrendo. Seria função de uma instituição que lida com pessoas acolhê-lo e dele cuidar. Numa empresa, por exemplo, o responsável pelo departamento de Recursos Humanos precisaria compreender um funcionário em sofrimento, mas geralmente faz uma advertência e muitas vezes o demite. A sociedade não acolhe o sofrimento humano. E as crianças, portanto, têm de ser cuidadas pela família, que também já não se prepara para isso. Hoje, as pessoas estão tão preocupadas com o próprio prazer, que se tornou desprazeroso para os pais cuidar desse momento normal do filho, que está em crise porque não está desfrutando do prazer de ter um *videogame* novo ou porque tem prova amanhã e está com medo. Precisamos incutir esse tipo de compreensão numa sociedade que talvez não queira saber disso neste momento, mas temos que achar um meio para tal. Este livro pode ser uma forma, assim como mencionar o assunto em palestras. O meio acadêmico precisa preparar pessoas para falar sobre isso, pois se não tivermos logo uma compreensão do tema, um caos se instalará. Aliás, já está havendo um caos social, porque há muita gente em sofrimento, porém, pouquíssimas pessoas estão sendo acolhidas.

Iuri – Não é fácil lidar com o sofrimento. Impõe-se que todos estejam sentindo prazer em todas as situações, mesmo naquelas em que estar em sofrimento é normal. Em relação a velórios, por exemplo. Pessoas vêm a nosso consultório perguntar o que falar para um amigo que acabou de perder a mãe para que ele se sinta melhor. Costumamos responder que nada pode ser dito. Um velório não é lugar para se ficar bem, para se sentir bem, mas para fazer a despedida. É um lugar para viver o luto, é um lugar de dor. Alguns dizem ainda: "Ah, não sei se vou, não gosto de velório". Ao que respondo: "Que bom. Seria estranho gostar de velório. Vamos para dar apoio, não porque gostamos". E essa noção também é transmitida para as crianças e os adolescentes. Quando o filho faz birra porque está na hora de dormir ou porque tem de fazer lição de casa ou porque tem uma prova, tentamos convencê-lo de que ele tem de gostar daquele momento: "Mas a prova é importante", ou "Você precisa tomar banho porque é muito bom". Como se ele tivesse de sentir prazer em tudo o que faz na vida, em vez de simplesmente suportar, por exemplo, a dor de não querer tomar banho – afinal, para uma criança, brincar sempre vai ser mais gostoso que tomar banho. Devemos simplesmente fazê-lo tomar banho suportando a dor de não querer aquilo e o medo de não poder voltar mais a brincar, em vez de convencê-lo de que banho é algo bom naquele momento, porque naquele momento ele vive as amígdalas cerebrais. Relembrando o que foi dito de Melanie Klein, se a criança está brincando e eu, em vez de suportar a dor dela, tento convencê-la de que ela deveria gostar do banho, como a criança vai entender isso? "Poxa, minha mãe e meu pai estão falando que banho é bom, e que eu não deveria gostar de brincar. Mas eu vou continuar gostando de brincar e não vou gostar do banho." Mais uma vez, temos aquele pensamento da própria criança de que ela é uma criança ruim, que gosta do que não pode e não gosta do que é bom. E então começamos a criar um filho sem autoestima, porque ele se considera uma criança ruim. Desse modo, ele poderá se sentir numa encruzilhada: ou assume que é ruim, já que todos dizem isso (esse é o jeito que ele entende o que lhe é dito), e começa a desenvolver patologias de transtorno de conduta, ou, para obedecer à mãe, vai ter que deixar de sentir prazer na brincadeira, porque o único jeito de gostar de tomar banho é deixar de gostar de brincar. Com isso, começamos a fazer com que ele pare de sentir prazer nessas situações.

Ivan – E aí se tem a depressão.

Desejo dos pais x autoritarismo

Iuri – Geralmente os pais perguntam: "Mas como a gente explica o que é certo e errado, como fazemos com que as crianças aprendam o certo e o errado?". Nunca na hora do limite. O limite tem que ser um desejo. Se resolvi colocar um limite no meu filho, foi porque desejei. *Eu* escolhi que aquela é a hora do banho. Cada casa tem uma hora de banho diferente. Não existe um livro, não existe uma regra. Cada casa escolhe sua regra. Foi a mãe que desejou, foi o pai que desejou aquela hora do banho. Isso tem que ser colocado. Cuidar tem que ser um desejo, não uma obrigação. É meu desejo cuidar do meu filho, e esse é o limite. Não tem que ser o desejo da criança. Ela vai aprender a desejar cuidar de si mesma quando puder se sentir desejada e cuidada por alguém. Então, quando explicar o porquê do limite, o porquê é bom tomar banho, por exemplo? Nunca na hora do limite, mas em outros momentos. Por meio de histórias e estórias, por projeções, que é algo muito trabalhado na psicanálise. Quando contamos histórias infantis, a criança introjeta o que aconteceu no conto e aprende.

Ivan – Ou mesmo em brincadeiras, no ato de desenhar juntos, inventar histórias, fazendo esses valores surgirem por meio do lúdico.

Iuri – Nunca pelo limite.

Ivan – Nunca na hora do limite. Limite não se explica, é uma ação. "Você vai tomar banho porque a mamãe quer." Talvez depois possamos organizar isso melhor. O limite é um desejo. **Donald Winnicott**, pediatra do século passado que se tornou psicanalista, dizia que a mãe, o pai ou o cuidador precisam estar certos do desejo que têm em relação à criança. "Filho, agora você vai tomar banho." "Por que eu tenho que tomar banho?", pergunta o pequeno, ao que o pai deve responder: "Porque o papai quer". E o filho retruca: "Ah, mas por que o papai quer que eu tome banho?". E o pai, lembrando-se de que o desejo é o grande servidor das relações entre pais e filhos, responde: "O papai quer porque quer". Trata-se de um desejo, e para um desejo não há explicação. "Eu te desejo, desejei que você nascesse e agora desejo cuidar de você. Amanhã à noite vamos desenhar, e aí vou explicar o que é um banho, por que você tem que comer verdura, por que tem que dormir." Mas isso nunca deve ser feito na hora em que a criança está fazendo birra e o pai, a mãe ou o cuidador estão desejando algo para ela. Quando explicamos ou justificamos o porquê de estarmos impondo o limite, criamos na cabeça da criança uma ambivalência. Ela imagina que haja prazer em largar um brinquedo, e um transtorno de conduta pode ser gerado, e ela começa a se achar muito má. Ou então essa atitude faz a criança violentar a ação amigdalar e com isso uma repressão é criada.

Iuri – O que acho interessante ressaltarmos nesse sentido é que sempre que nos perguntam se não seria uma forma de autoritarismo os pais justificarem uma atitude como sendo seu desejo, ou seja, "você vai tomar banho porque o papai quer", tentamos explicar que não, que isso é simplesmente desejo. Autoritarismo seria falar algo do tipo: "Você vai tomar banho porque eu quero e ai se reclamar".

Ivan – "Se chorar, você apanha."

Iuri – Autoritarismo é impedir que a criança aja da maneira dela. Quando colocamos nosso desejo, a criança vai obedecer pelo desejo dos pais, podendo reagir e pensar o contrário: "Eu sou criança e não gostei". Tudo bem, ela não precisa gostar. É preciso autorizar a raiva, dizendo que a criança pode ficar brava. Eu costumo explicar sempre para os pais que devemos pensar em nós adultos. Quanta coisa a gente faz mesmo achando chato? Quando vamos viajar para outra cidade, por exemplo, pagamos pedágios absurdos. E não comemoramos ou ficamos nos explicando que o pedágio é importante, que vai ajudar nisso ou naquilo. Simplesmente nos damos o direito de reclamar, mas pagamos e saímos. Não vamos quebrar tudo nem bater nos funcionários do pedágio.

Ivan – Mas alguns adultos talvez burlem o pedágio ou xinguem a moça que lá trabalha ou talvez queiram matar todo mundo. Esses adultos são pessoas com transtorno de conduta, já estão doentes. E existem aqueles que deixarão de viajar para não pagar o pedágio, e ficarão tristes em casa, com depressão. Hoje, em nossa sociedade contemporânea, pós-moderna, temos muita gente que agride o outro, depreda coisas, não quer seguir regras porque ainda está em um estágio bem infantil de vida e com transtorno de conduta. E mesmo já com muita idade, sem crítica do que faz, não aceita regras, não aceita o sinal vermelho...

Iuri – Não aceita nenhum tipo de frustração.

Ivan – Não admite nenhuma autoridade, nem do policial nem da professora.

E há muita gente em depressão, hoje tomamos muitos antidepressivos. O Brasil é o país que mais compra antidepressivos, somos o primeiro na venda desses medicamentos. Isso é um sinal de que não estamos conseguindo lidar com a ação amigdalar. Estamos com muito medo, estamos lidando mal com a raiva. As brigas no trânsito são consequência disso. Como é que estamos lidando com nosso medo? Vemos muita gente entrando em depressão ou crescendo sem cuidado, jovens e adultos com transtorno de conduta. E, para aliviar a ação do medo, nos anestesiamos com álcool e drogas, lícitas e ilícitas. Tudo isso tem a ver com o que aconteceu lá atrás, com essa coisa da qual alguém não cuidou. Alguém não fez com que essas pessoas sentissem que podem se frustrar, que a frustração não lesa o prazer e outras coisas, que ela não traz um contínuo sentimento de perda, trata-se apenas de algo instantâneo, pontual. E muitos desses indivíduos que hoje estão doentes, com graves transtornos de conduta, são pessoas danosas, que têm prazer causando dano. São pessoas que ouviram dos cuidadores muitas explicações: "Você tem que tomar banho porque está frio", "Porque tem que ir para a escola", "Você tem que comer porque...". E aí a causa do desprazer está no outro, está fora. Então, o mundo é ruim, e esses indivíduos crescem com a ideia de que precisam combatê-lo. Combater o outro, a escola. "Você tem que fazer lição porque amanhã tem que ser alguém na vida, senão o mundo acaba com você." Eles crescem com raiva da vida, com raiva do mundo, tornam-se pessoas mórbidas que agridem qualquer coisa que o mundo lhes cobre, como a lição de casa, por exemplo. Dessa forma, ou a criança se torna depressiva ou desenvolve algum transtorno de conduta, achando que toda vez que a vida lhe cobrar alguma coisa, que alguém lhe cobrar algo, um sinal vermelho, um guarda, a professora, as autoridades, esse alguém é mau. Nesse sentido, os limites do cuidado são ações que os cuidadores precisam ter em relação a essa coisa natural, biológica, orgânica que é a ação das amígdalas cerebrais, que não pode ser detida. Ação essa que tem início antes do nosso nascimento e vai durar a vida toda, e um simples gesto de tolerância e de cuidado pode fazer com que as pessoas se tornem melhores. Isso tudo tem a ver com essa coisa de fazer a criança perceber que, pontualmente, naquele momento, ela pode parar de brincar e ir tomar banho que nada vai mudar, amanhá a brincadeira continua. E que aprender a suportar a raiva é o ponto fundamental da educação, é o que, na verdade, tem que ser educado.

O certo e o errado: Saber não é fazer

Iuri – Os pais não suportam a ideia de ser os chatos da história, saber que causam desprazer. Porque, normalmente, não suportam os próprios desprazeres. Quando não somos capazes de suportar os próprios desprazeres, teremos dificuldade em suportar o desprazer alheio. E os cuidadores se esquecem de um pequeno detalhe: o saber não está relacionado ao fazer. A área do cérebro que tem relação com o conhecimento, com o saber dos fatos, é diferente da área relacionada a nosso juízo crítico, que faz com que a gente aja em relação a esse saber. Então, há crianças, adolescentes e adultos que têm muitos conhecimentos, mas que não são capazes de se cuidar e suportar. O saber, a gente sempre memoriza, aprende, adquire. Agir sobre o saber é a parte mais difícil. Portanto, a explicação em si não ajuda ninguém a se cuidar. Conhecemos muitos adultos que fumam e sabem que isso faz mal, e nem por causa disso param de fumar. Todos sabemos que, quando se dirige acima da velocidade permitida, o indivíduo está colocando a sua vida e a vida de outros em risco, porque, numa emergência, ele não vai conseguir se programar e reagir. Mas, se dermos uma olhada nos jornais, veremos que o número de acidentes no trânsito com pessoas dirigindo em alta velocidade está cada vez maior. E as pessoas sabem que o álcool tira o reflexo, tanto que ninguém permite que seu carro seja dirigido por outro indivíduo alcoolizado, por medo de que ele bata o veículo. Mas a pessoa alcoolizada pega o próprio carro. A área que faz com que tenhamos juízo crítico se chama pré-frontal. Ela fica localizada na frente do cérebro e é a parte mais desenvolvida no ser humano. O problema é que, ao contrário das amígdalas cerebrais, que já estão em funcionamento desde o nascimento, o córtex pré-frontal vai amadurecendo ao longo dos anos. Nosso cérebro todo nasce fisicamente pronto, mas não funcionalmente pronto. Conforme vamos crescendo, ele vai amadurecendo, maturando.

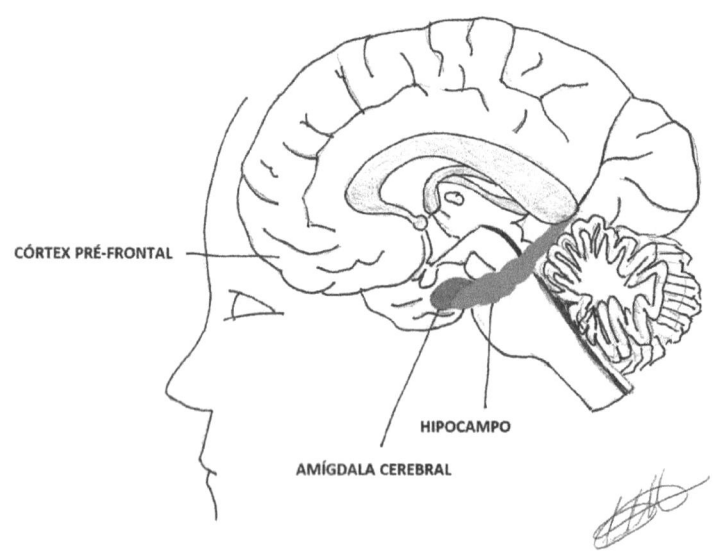

Ivan – Cada parte numa época diferente.

Iuri – Isso faz com que numa certa época aprendamos a sentar e a andar; em outra, a falar, a escrever e a ler. E a pré-frontal será a última parte de nosso cérebro que se desenvolverá plenamente. Ela tem um princípio de amadurecimento por volta de cinco ou seis meses de vida, mas só estará funcionalmente plena entre 21 e 25 anos de idade. E, em alguns casos, apenas por volta dos 30 anos. Então, até a vida adulta, não somos capazes de tomar decisões corretamente. A região pré-frontal está relacionada ao juízo crítico, que não é o *saber* o que é certo ou errado, porque isso o indivíduo já sabe desde pequeno, e sim o *fazer* certo ou errado. É conseguir lidar com as emoções, com as frustrações e ter uma atitude correta perante aquela realidade. Essa parte é ainda responsável por nossas tomadas de decisão, pelo nosso planejamento. Planejar as ações antes de realizá-las...

Ivan – Não ser impulsivo...

Iuri – E sabemos disso já há muitos anos, na verdade. O caso que mais citamos em relação à região pré-frontal é muito estudado em neurologia. Antes de existirem os exames atuais, a ressonância, as neuroimagens, muitos estudos tinham como base as lesões. E foi assim que se descobriu a área da fala. As pessoas que não falavam, quando morriam, tinham seu cérebro examinado e notava-se a existência de lesão sempre na mesma área. O caso mais estudado pela neurologia em relação à área pré-frontal é o de Phineas Gage, um operário de construção de estradas de ferro. Ele era o contramestre da equipe, responsável por colocar cargas de dinamite para explodir rochas e nivelar o caminho. Phineas era um operário exemplar, sempre chegava no horário, tinha capacidade de planejamento e um ótimo relacionamento com as pessoas. Em um dia de verão de 1848, após uma distração no trabalho, houve uma explosão e uma barra de ferro voou e atravessou o rosto do operário, entrando pela bochecha no lado esquerdo e saindo na parte da frente de sua cabeça. Ele caiu e teve crises convulsivas, acordando minutos depois com dois buracos na cabeça. Foi levado ao hospital e, passados dois meses, teve alta. Na época, seu caso foi tido como um sucesso. Por isso foi tão estudado, porque foi muito bem documentado, foi algo inédito no mundo. Porém, os companheiros de trabalho relataram aos médicos meses depois que ele não era mais a mesma pessoa. Phineas se tornara uma pessoa rude, tinha rompantes de raiva e fúria, não conseguia mais seguir um plano de ação coerente, enrolando-se num fluxo constante de ideias, porém descartando-as logo que as dizia. Ele começava a trabalhar numa coisa, largava e ia fazer outra, depois voltava e não conseguia mais seguir uma ordem. Além disso, tinha abordagens sexuais inadequadas em relação aos outros. Assim, foi demitido e não conseguiu mais se manter em nenhum trabalho fixo, tornando-se um andarilho.

Ivan – Teve ainda problemas na família...

Iuri – Ele não conseguiu mais ter relacionamentos afetivos adequados e viveu ainda 13 anos depois do acidente. Morreu aos 38 anos devido a uma crise epiléptica violenta, causada como consequência do acidente. Cinco anos após sua morte, seu corpo foi exumado e seu crânio foi guardado. Em 1994, **Hanna Damásio** e colaboradores analisaram as medidas do crânio e utilizaram uma simulação de computador para checar qual área do cérebro havia sido atingida. E viram que foram exatamente as áreas pré-frontais. Quando questionavam Phineas Gage se ele sabia o que devia fazer no trabalho, ele sabia. Ele não teve nenhuma lesão cognitiva, então a inteligência se manteve a mesma. O conhecimento sobre o trabalho, sobre as situações, ele sabia relatar perfeitamente, sabia o que devia ser feito. Mas no momento em que tinha de executar as ações, ele não conseguia controlar seu comportamento. Com essa pesquisa de Hanna Damásio, comprovou-se que a região pré-frontal é responsável pelo juízo crítico, pelo planejamento de ações, e hoje se sabe que será a última parte a estar a pleno funcionamento, ou seja, continua em maturação (desenvolvimento) até por volta dos 25 anos de idade. É por isso que o adolescente tem tantos conhecimentos, mas sempre se coloca em situação de risco. Porque busca o prazer o tempo todo sem saber controlar seu comportamento nesse prazer.

Ivan – Embora saiba o que é certo e errado, o que tem que fazer. É por isso que sempre pedimos aos pais que tomem cuidado com essa história de ficar ensinando: "Não corra com a moto, não fume maconha...". Porque esse conhecimento não vai produzir efeito nenhum na criança ou no adolescente pela falta dessa ação cortical, dessa ação do córtex pré-frontal. Mas podemos fazer essa ação surgir quando colocamos em paralelo a esse amadurecimento do córtex pré-frontal algo psicológico, que é essa coisa do cuidado. Às vezes, avançamos no amadurecimento do córtex pré-frontal quando colocamos em pauta a afetividade. Quando o pai ou a mãe se dirige a um filho pequeno ou adolescente, cujo córtex está imaturo, dizendo, sem explicar por que, que não quer que o filho aja dessa ou daquela forma, esse desejo atua no filho. Porque quando o filho se sente desejado pelo pai, ele age em nome do desejo do pai. Mesmo às vezes querendo fazer algo errado, ele fica atento ao desejo do pai, ao cuidado da palavra do pai, ao cuidado da palavra paterna ou materna. E essa ação cortical se dá pelo movimento psíquico, psicológico. Temos uma porção de casos e exemplos de pais que começaram a agir com esse "eu quero": "Eu quero que você vá dormir, e pode dormir com raiva, pode dormir chorando". Ou: "Eu não quero que você vá à festa e pode sentir raiva disso". "Eu não quero que você beba. Você pode ir à festa, mas eu não quero que beba." Essa fala sem explicação funciona em uma ação a que daremos o nome psicanalítico de superego. Funciona como uma contenção que o sujeito começa a ter em nome do pai, em nome da mãe, que é uma expressão psicanalítica. Eu vivo em nome do pai, em nome da mãe, e esse é um processo de cuidar, um processo de educação, que estimula o córtex pré-frontal, o faz funcionar antes de sua maturação.

Iuri – Isso faz com que o córtex pré-frontal crie uma ligação com as amígdalas cerebrais. E essa ligação frontoamigdalar é responsável pela reação que a psicanálise chama de superego. Isto é, uma pessoa poder sentir essa raiva, ter essa reação, mas conseguir se controlar sem deixar de senti-la e sem se julgar por isso. E poder achar a saída positiva, a saída adequada na realidade para o desejo que possui e para essa realidade de poder colocá-lo ou não em prática.

Ivan – É o não viver das próprias pulsões. Ou seja, controlar-se, conseguir frear as próprias pulsões em nome do pai, com a palavra do pai, com a palavra da mãe. Há um trabalho que venho fazendo com algumas famílias que é o de pedir aos pais que comecem a agir, principalmente com adolescentes, em nome de seu desejo de pai e mãe, em nome do que estão sentindo sobre um fato pontual que está havendo na dinâmica familiar naquele aqui e agora.

A mãe e o pai de um adolescente que se envolveu com colegas que começaram a usar maconha se consultaram comigo e nós discutimos o assunto. Eu pedi a eles que, primeiro, não se preocupassem com a maconha, porque ela é um sintoma, não o problema. Se eles começassem a falar da maconha e a se preocupar com ela, só piorariam as coisas. E pedi que se preocupassem com o filho e com o desejo deles sobre o filho. Então, um rodeio se aproximava e o filho já havia combinado com os amigos de alugar uma *van* para ir à festa, eles já tinham comprado maconha para fumar lá. E o pai chegou para o filho e disse: "Você não vai ao rodeio". E então o filho enfrentou o pai com uma raiva absurda, as amígdalas cerebrais reagiram. E o filho perguntou: "Por que não vou à festa?". E o pai disse: "Porque eu não quero". "E por que você não quer?" Não é por causa da maconha, não é por causa dos amigos, simplesmente porque "eu não quero". Aí, o filho foi até o quarto e destruiu o armário embutido, quebrou o espelho com a mão e se machucou todo. E o pai ficou quieto, seguindo a orientação que lhe foi dada. Assustado, mas quieto. À tarde desse mesmo dia, uma sexta-feira, o celular do filho tocou e eram os amigos perguntando que horas eles se encontrariam para pegar a *van*. E ele gritou no celular: "Eu não vou mais, esse chato do meu pai não me deixou ir". E ficou no quarto. O menino ficou no quarto durante o sábado com todos os destroços, sem falar com o pai. À tarde do sábado, os amigos foram até a casa dele e deixaram de ir ao rodeio. Quatorze amigos ficaram lá com ele. E à noite o pai comprou *pizza* e todos comeram. Mas tiveram que comer na mão, porque não havia tanto prato assim na casa. Mais tarde, como à meia-noite os ônibus param, eles começaram a ligar para que os pais fossem buscá-los. E os pais disseram o seguinte: "Ah, não vou buscar. Olha que horas são. Se vira". E o pai desse menino não tinha como levar todo mundo para casa, cada um morava num bairro diferente. Então, resolveram dormir por ali. A mãe espalhou colchonetes e travesseiros pela casa. Como não havia escova de dente para todo mundo, o pai desse menino fez o filho escovar o dente, ferveu a escova numa caneca e passou para os outros. Foi algo inusitado. No dia seguinte, os amigos acordaram, havia uma menina entre eles, e a mãe tinha preparado o café da manhã. E então a menina que estava junto falou: "Tia, o que é isso?". "Café da manhã." "Mas eu nunca tomo café da manhã. Nunca vi isso." E eles comeram avidamente tudo que tinha na mesa.

Na semana seguinte, haveria rodeio de novo, mas os amigos dispensaram a *van* e, na sexta-feira, chegaram na casa dessa família com edredom, refrigerante, macarrão, e foram já prontos para dormir e lá passar o fim de semana. E esses pais começaram a compreender que aqueles meninos "maconheiros" e cheios de desejo pelo prazer eram, na verdade, crianças, pessoas sem cuidado nenhum, vivendo com transtornos de conduta, depressão, que foram lá ver o "chato do pai do Fulano" e ficaram admirados pelo fato de haver café da manhã e cuidados. E o filho também começou a perceber que os amigos iam lá não por causa dele, mas por causa dos pais e dos cuidados.

Iuri – Meninos que costumam fumar maconha, mas não fumaram na casa dos pais do amigo.

Ivan – Não fumaram maconha, não beberam cerveja. Hoje, esses pais compreendem a questão do cuidar: "Não vai porque eu não quero". Só que um fenômeno muito complicado começou a acontecer, porque, em pouco tempo, todo mundo passou a querer ser cuidado. Todo fim de semana, eles ganham 14 filhos, mais os dois que já têm, em um apartamento de três quartos. Aí, a gente vê bem aquilo que você disse, Iuri: a dificuldade dos pais em ser geradores de frustração nos filhos. Eles têm medo de ser cuidadores. E isso é algo muito importante para o qual as pessoas precisam acordar urgentemente.

Afetividade: Uma questão de cuidados e limites

Iuri – Temos visto muito, hoje em dia, pais dizendo que são amigos dos filhos, querendo se tornar amigos dos filhos. E o que sempre relatamos para eles é o seguinte: "Acho isso muito triste. Porque amigos, os filhos encontrarão muitos pela vida. Pai e mãe eles só terão um". Pai e mãe podem brincar com os filhos, ir juntos com eles ao cinema, ficar de mãos dadas, passear, mas serão sempre pai e mãe, nunca amigos. Eles serão confidentes, vão conversar, mas nunca serão amigos. Porque o desejo de pai e mãe é sempre de pai e mãe em relação ao filho. E isso vai poder gerar um desejo no filho pela presença do pai e da mãe. É sempre de cima para baixo que começa. Os filhos têm que se sentir desejados pelos pais para poder se desejar e desejar o pai e a mãe. Não aprendemos a desenvolver a autoestima, que é a capacidade de se desejar, se não nos sentirmos desejados pelo outro. E só pai e mãe podem oferecer esse desejo de "Não, você não vai à festa porque eu não quero", "Eu me preocupo com sua saúde", "Você vai tomar banho porque eu quero assim". Que mensagem eles estão passando nesse sentido? Que "eu me preocupo com a sua saúde, tenho medo de perder você". "Sou eu que me preocupo com sua saúde. Você é só criança. Sou eu que me preocupo com sua saúde na festa do rodeio. Você não vai porque eu não quero. E você pode ficar bravo porque você é um adolescente que vai ter vontades e prazeres, por isso quer ir. Porém, eu como pai, ou mãe, não quero que você vá." Hoje estamos em uma sociedade que traz a ideia de uma necessidade de sentir prazer o tempo todo. A TV é 24 horas, a internet é 24 horas. Festas acontecem todos os dias, quando não duram três, quatro, cinco, até seis dias, como as *raves*. É possível perceber que o prazer na sociedade, hoje, não tem fim. Os adolescentes, no meio de uma festa, já estão planejando o que farão no dia seguinte, porque não conseguem lidar com o fato de que uma hora a festa vai acabar. E bebem antes mesmo de saírem de casa.

Ivan – Fazem o famoso "esquenta".

Iuri – Para não correrem o risco de se depararem com alguma coisa chata na festa, eles já chegam ao local anestesiados. A sociedade de hoje prega que é preciso ter prazer o tempo todo, a todo momento. E os pais também estão nessa sociedade. Então, acreditam que têm que gerar prazer nos filhos o tempo todo e esquecem que a vida não é feita só de prazer, mas de prazer e desprazer. É o que o **Freud** chamava de "princípio do prazer" e "princípio da realidade". Nós temos nossas pulsões, nossos desejos, nossas vontades a realizar. E a realidade é aquela que vai estipular quando se pode ter e quando não se pode. Principalmente hoje, em um mundo em que se você comprar um celular, em dois dias ele já estará desatualizado; se comprar um computador, daqui a três semanas já estará fora de linha. As crianças querem um *videogame* e, quando ganham o *videogame* de uma marca, já querem o da outra. Depois querem o da outra e da outra... Nada preenche essa angústia, porque a sociedade prega que o indivíduo vai satisfazer sua ansiedade com bens materiais. E isso não nos satisfaz, porque o que nos preenche é o desejo. Angústia a gente vai sentir pela vida toda. E é esta a parte mais difícil para os pais: perceber que fazem parte dessa sociedade e que têm que poder se diferenciar como pais, não como amigos. Porque os amigos convidam sempre para o prazer. São raros aqueles que estão presentes no desprazer, que abrem mão de uma festa para ficar com o amigo que está doente, por exemplo. E os pais são aqueles que poderão proporcionar isso. Inclusive, o desprazer. Os pais não precisam achar o momento de dar desprazer ao filho, porque isso está posto o tempo todo. Só precisam ser capazes de suportar os desprazeres que o filho vai sentir na vida, tenha ele um, cinco, dez, 20, 30 ou 50 anos de idade.

Ivan – Estamos falando dos cuidados e dos limites, e vale ressaltar que o que vai dar poder para uma pessoa ter cuidado e fornecer limites é uma equação muito importante chamada afetividade, esse forte sentimento de ligação que um indivíduo pode ter com outro. O pai pelo filho, por exemplo. É o amor associado à ação das amígdalas cerebrais. Qual é a ação fundamental das amígdalas? O medo, a ansiedade e a raiva. Então, a afetividade é essa equação às vezes difícil de entender, na qual o amor que uma pessoa sente por outra se liga à ação amigdalar e provoca o medo da perda, da perda dessa pessoa que eu amo muito, e posso sentir raiva quando ela não é como eu queria que fosse. A afetividade é essa equação em que se junta o amor ao medo da perda. Nesse sentido, o que é a afetividade do pai pelo filho? Ele ama tanto seu filho e, quanto maior esse amor, maior o medo de perdê-lo. De maneira que, quando vai conversar sobre um pedido que o filho fez: "Pai, posso ir à festa?", o próprio pedido já gera medo no pai. Que às vezes responde com raiva: "Não, que festa o quê".

Iuri – O pai também tem amígdalas cerebrais e vai reagir...

Ivan – E reage dessa maneira. Numa família convencional, na qual há dinâmica afetiva, na qual o medo da perda está presente, geralmente há discussões, brigas e gritos. Sempre tem alguém com medo, com raiva, gritando: "Não, você não vai sair!". E aí o filho também grita porque ficou com medo de não sair, ficou incomodado com o desprazer provocado pela mãe. Às vezes as pessoas não entendem isso e pensam que a família é ruim. Mas, numa família tradicional, com a afetividade presente, vai ter sempre essa coisa complicada, cheia de gritos. Já numa família não afetiva, existe indiferença: "Mãe, eu vou sair." "Ah, então *tá* bom." E as pessoas pensam que está tudo bem, mas não está. Porque, quando a criança sente que não há na mãe o medo de perdê-la, não há equação afetiva.

Quando o filho percebe que o pai deixa que ele, aos 15 anos, saia com o carro para não precisar apanhá-lo no meio da noite, quando a indiferença toma conta de uma família, e a criança e o adolescente sentem que no outro não há o medo da perda, a autoestima não nasce. Não existe autoestima. Se alguém não sente medo de me perder é porque não me ama. Então, inconscientemente, esse filho vai fazer algo para gerar o medo de perda no pai e na mãe. Vai chegar bêbado em casa ou vai parar no hospital em coma alcoólico; vai bater o carro, ou fazer alguma coisa para a polícia pará-lo; vai brigar na rua e voltar com o olho roxo, machucado; vai começar a ter compulsões de ódio pelas diferenças... Hoje temos, por exemplo, muitos casos de homofobia, nos quais ocorrem agressões físicas, verbais, morais; temos alguns transtornos que crianças adquirem por causa do *bullying*, como o medo de se relacionar com outras pessoas, o medo de ir para a escola e viver situações de relacionamento social, como festas e recreios, fobias que irão se transformar em transtornos do pânico e depressões: tudo que é diferente eu não gosto. O *bullying* pode começar simplesmente pela aversão que uma criança líder de um grupo passa a ter pelo nome ou sobrenome da vítima, pela maneira como ela anda, pela sua aparência física – tamanho, cor da pele, raça etc. Então, vai bater no gordo, no baixo, vai bater em menina. Para ver se provoca alguma reação em algum cuidador, para ver se alguma coisa ruim vai acontecer com ele. Pensa que pode ser expulso da escola, as notas vão baixar, que pode ser preso pela polícia, que será ameaçado pelo traficante porque não o pagou... Vai provocar nos seus pais, na sua família, algum medo de o perderem. Mas como não existe afeto, em vez daquele pai ter medo de perder o filho, paga o advogado, tira o filho da cadeia, muda ele de escola...

Iuri – E ainda lança a crítica: "Está vendo como você é ruim, nunca faz nada certo".

Ivan – Mas tira o filho daquilo que ele provoca para que o pai tenha medo de perdê-lo. E o filho vai piorando as ações para provocar o medo no pai.

Iuri – Para tentar fazer o pai perceber que corre o risco de perdê-lo, esperando que o pai ou a mãe reaja.

Ivan – E às vezes o filho vai ao limite. Bate o carro de uma maneira pior, tenta o suicídio, torna-se um alcoólatra contumaz, viciado mesmo. A afetividade é a equação mais complicada de entendermos. Podemos pensar: como é que pode haver amor em uma casa em que todo mundo grita um com o outro? Mas grita porque está perto, porque está junto, e as pessoas têm medo de perder o outro. O pai e a mãe saem e a criança começa a gritar e a chorar, porque fica longe deles e tem medo de que não voltem. A menina veste uma roupa esquisita com os seios à mostra e a mãe reclama: "Aonde você vai desse jeito?". Esses gritos, essas brigas são o movimento das amígdalas e o amor que sempre está acontecendo...

Iuri – E geram essa montanha-russa de afetividade, na qual a família está bem até começar a briga. E há briga até conseguirem fazer a reparação: "Desculpe, estou com medo", e conversar. Até a família ficar bem para começar a briga novamente.

Ivan – Essa dinâmica é a dinâmica da afetividade, que as pessoas precisam aprender a reconhecer. Sentir que a mãe tem medo de perder, que a namorada tem medo de perder, que o pai tem medo de perder gera a ideia de que aquele sujeito é muito querido. Sentir que a namorada não se importa, que a família não se importa, que os pais são indiferentes diminui a autoestima. "Eu saí e minha mãe não mandou nenhuma mensagem no meu celular perguntando: 'Onde você está, filho?'." Quando manda, o filho reclama, mas fica feliz por dentro. Quando ninguém se importa, a autoestima diminui. Aí é preciso inventar uma autoestima. Para isso, a pessoa cria uma coisa chamada narcisismo. Briga, quer beijar todas as meninas da festa, quer correr com o carro mais do que pode, bebe mais do que pode. Para poder se suportar e ter uma falsa autoestima, faz uma autoestima travestida.

É por meio da afetividade que as pessoas sentem medo de perder o filho, a namorada, a esposa, o pai, a mãe. E a afetividade vai dar a condição de um pai, vai gerar esse tripé que é o cuidado, o afeto e os limites, uma dinâmica constante. Quando terminam os limites? Quando terminam os cuidados?

Nunca. Sempre vamos gerar um motivo para que o outro cuide de nós, para ver se o outro ainda está se importando.

Iuri – Certa vez, uma colega casada há mais de 20 anos me relatou que o casamento dela já não estava bom, que ela e o marido não conseguiam nem mais ter relações, não eram mais afetuosos um com o outro, não tinham ligação. E, no ambiente em que essa conversa se dava, havia mais outras duas colegas separadas que falavam que os homens "prendem" as mulheres, e que isso é ruim, criticando os homens e os casamentos. Então, a colega casada continuou seu relato, dizendo que ela estava num churrasco com amigos, inclusive com o marido, e um desses amigos tinha uma moto e ofereceu levá-la para dar uma volta. E, no momento em que ela foi até a moto e sentou abraçando o amigo, o marido falou: "Mas de jeito nenhum, você não vai. Se você for dar uma volta vai ser comigo pilotando, e não com outro. Não aceito isso". E então o amigo o deixou ir. E as duas colegas separadas disseram: "Aí, tá vendo? Homem faz esse tipo de coisa, não permite, é ciumento, prende". E ela falou que aquela foi a coisa mais bonita que ouviu do marido nos últimos anos. Isso fez com que seu casamento voltasse ao que era no início. E, naquela noite, essa mulher conseguiu falar para o marido o quanto sentia falta disso, de ele demonstrar desejo por ela. Porque ela já vinha num processo de não se desejar havia um tempo. O marido achou que ela não queria que ele fizesse isso. Conversaram e conseguiram impedir que um casamento que estava caminhando para o fim terminasse. Com uma ação de "ciúme", que, pelas outras, foi vista como: "*Tá* vendo, o homem nunca deixa você fazer o que quer, olha que besteira", eles conseguiram reatar a relação afetiva. E ela relatou exatamente nestas palavras: "Foi a coisa mais linda que ele fez por mim. Eu estava há tanto tempo esperando que ele fizesse isso". Vale ressaltar que não estamos falando aqui do ciúme doentio, em que há agressão física.

Ivan – Aí já é uma patologia. Há o sentimento de posse do outro. Estamos falando do ciúme no sentido do medo da perda.

Iuri – É o ciúme afetivo, o ciúme de desejo.

Ivan – Não o ciúme de tomar posse do outro como objeto.

Iuri – Não é esse ciúme doentio que leva o indivíduo a pensar: "Você é meu e faz o que eu quero". É um ciúme pelo desejo. Eu desejo tê-lo a meu lado na vida. E não o tipo de desejo de "você só faz o que eu mando".

Ivan – "E seja exclusivamente minha." Isso deixa de ser ciúme, é sentimento de posse.

Autonomia verdadeira

Ivan – Nossa sociedade hedonista, que está constantemente atrás de prazer, começa a reler as demonstrações afetivas. A mãe que põe o lanchinho embrulhado em papel-alumínio para o filhinho na mochila, por exemplo: aqueles que não têm uma mãe assim começam a agredir, por inveja, a criança cuja mãe age dessa forma. As mulheres que não têm mais um namorado ciumento começam a agredir as que têm. Porque, na verdade, a equação afetiva tem ciúmes, tem essas implicâncias. A equação afetiva tem tudo isso ou tem a indiferença. Quem vive a indiferença sente inveja de quem ainda vive a equação afetiva e tenta destruir isso, porque incomoda muito. E temos como demonstração desse fato essa história que você relatou, Iuri, tão simples e tão bonita no resgate de uma relação de amor e de afeto por causa do medo da perda. A sociedade pós-moderna começou a agredir tudo que é afetivo, e então as pessoas passaram a não curtir a afetividade. Por exemplo, o adolescente "fica" com uma menina e, às vezes, se apaixona e começa a combater esse sentimento. Acaba se afastando da pessoa pela qual está apaixonado porque tem medo de perdê-la. Vincular-se ao outro parece fraqueza, tolice, parece algo muito ruim. Eu já ouvi vários relatos de jovens de 14, 25, 30 anos que desejam muito ter alguém. E quando encontram esse alguém, ficam tentando encontrar defeitos e perguntando como foram os outros relacionamentos da pessoa para achar algum problema e se afastar, porque têm medo dessa vida afetiva. Eles a conceituam como a vida da briga, do ciúme, do grito como algo ruim.

Iuri – Porque essa vida gera prazer e desprazer, os relacionamentos também passam por isso. Ao contrário daquela ideia da sociedade de sentir prazer o tempo todo. Então, nesse sentido, se algo gera desprazer, não vale a pena, levando as pessoas a fugirem dos relacionamentos.

Ivan – Elas tratam a afetividade como uma coisa desprazerosa. É o outro lado da montanha-russa, a descida vista como desprazer. Mas trata-se de uma necessidade do afeto, de ter o momento da perda para que o lado do amor apareça. Essa dinâmica humana precisa surgir. Mas isso ficou tão "pesado" para as gerações anteriores que todo mundo começa a achar que não pode ser assim.

Iuri – A gente usa esse exemplo da montanha-russa porque ela precisa da descida para acumular energia suficiente para a próxima subida. E a vida afetiva é isso. Essas brigas fazem com que, quando há reparação, o vínculo afetivo que existe na família – entre o casal, entre os filhos, entre os irmãos, entre pais e filhos – se fortaleça muito mais. Porque a reparação faz com que um indivíduo consiga se aproximar muito mais do outro, como aconteceu com o casal da história que relatei anteriormente. Uma crise rápida de ciúme fez com que eles depois, ao conversarem, conseguissem colocar: "Por que você nunca fala isso para mim?". Foi possível criar um momento para a reparação e mostrar o quanto, na verdade, havia desejo dos dois lados, mas ninguém conseguia sentar e conversar. O mesmo acontece na crise do adolescente que destrói o quarto. Isso faz com que seja possível sentar com o pai no outro dia e conversar: "Por que eu não posso ir à festa? Do que você tem medo?". E o pai coloca seu ponto de vista e percebe o desejo que existe do filho pelo pai e do pai pelo filho. Então, essa descida da montanha-russa torna possível uma nova subida, permite que essa reparação crie um vínculo muito mais forte. Mas a sociedade de hoje diz que isso é besteira. Pai que senta para conversar com o filho vai perder o futebol, ou seja, "vai deixar de fazer o que gosta".

Ivan – A princípio, pode parecer um absurdo um filho destruir o quarto, mas as pessoas não imaginam que, depois, a reconstituição do amor, do afeto e da autoestima do filho são para sempre. Isso faz com que esse filho tenha uma personalidade saudável para o resto da vida. Ele viu nos olhos dos amigos que tinha algo sagrado em casa, percebeu que não tinha noção do que significava ser desejado, ser querido e fazer parte do medo de perda de alguém. Às vezes, as pessoas podem pensar: "Nossa, um menino destruir o quarto, xingar os pais...

Que ofensa!", mas porque interpretam a questão apenas pelo lado material. Ninguém mais faz a interpretação psicológica, afetiva das coisas.

Iuri – As pessoas têm medo de que esse cuidado gere dependência nos filhos. E, na verdade, é o contrário. Quando o indivíduo não se sente desejado, acaba se tornando refém da busca pelo desejo de alguém e começa a se prejudicar. Quando ele consegue se sentir desejado e cuidado, aí é possível criar uma autonomia para poder se cuidar, se desejar e saber seguir com a própria vida. Um grande medo a respeito do qual sempre nos questionam é o seguinte: "Mas são os pais que querem isso. Então, 'você vai fazer porque eu quero ou porque eu não quero' não acaba tornando a criança dependente?". Não. Porque ela aprende a se sentir desejada e cuidada, e ela mesma vai aprender a colocar os limites para si própria: "Ai, eu queria isso, mas agora é hora de dormir. Eu quero isso, agora eu posso". Ou seja, assim, ela aprende a diferença entre o querer e o poder, aprende quando pode colocar seus desejos. Aprende a se cuidar.

Ivan – Ela cria algo que Donald Winnicott chamou de *self*, a noção de si mesmo. Então, quando os pais demonstram esse desejo, nasce a autoestima e nasce o *self* verdadeiro. Eu, o eu. E aí o próprio indivíduo começa a ser dono dos limites.

Iuri – E pode criar desejos próprios. Não fica refém do desejo do amigo: "O amigo quer fumar maconha, então eu também tenho que fumar. Mas não, eu tenho *self*, posso ter meu próprio desejo".

Ivan – Ele para de procurar no outro os desejos alheios e começa a ter os próprios desejos.

Iuri – Ele não precisa mais desejar o que a propaganda lhe coloca, não precisa desejar o que a sociedade impõe. Pode escolher o próprio desejo, se quer ou não. Independentemente se é obrigação da moda, ou se quem tem determinada coisa é melhor ou não. Pode escolher se é o que quer ou não para si.

Por isso usamos a metáfora da montanha-russa: ela é o equilíbrio. Não pode haver só descida nem apenas subida, porque uma hora a coisa para. Essa é a grande diferença. É esse movimento tão "contraditório" que compõe o cuidado e o afeto. O desejo de criar uma autonomia é criar autonomia verdadeira, com a qual a pessoa vai poder sair para a vida sabendo se cuidar. Porque, hoje, costuma-se dizer que é preciso dar liberdade ao filho pois a vida vai ensiná-lo. Só que se trata de uma falsa liberdade. Ele fica refém da sociedade, do desejo dos outros e dessa busca constante pelo prazer. Não consegue ter personalidade própria. Atualmente, o adolescente que diz que não vai ficar preso em casa, se quiser sair ele sai. Mas fica refém do que o outro quer, do que o outro faz, do "eu só faço o que eu quero". Ele diz que só faz o que quer, porém muitas vezes isso está relacionado a uma autodestruição inconsciente. Ou seja, ele não tem possibilidade de futuro. E são crianças, adolescentes e até adultos, que não conseguem nem ter desejo pelo futuro.

Ivan – Não se trata de uma autonomia verdadeira. O indivíduo não tem sonho próprio, não tem ideia do que é. Não tem *self*, o *self* verdadeiro. Ele é uma projeção do que está aqui fora. Sua roupa, seu dia, seu sábado é regido pelo desejo do outro. Ele não tem desejo próprio.

Iuri – E isso reflete nas famílias atuais. Famílias nas quais, quando questionados sobre o desejo de cuidar, os pais dizem coisas do tipo: "Mas eu vou ter que deixar de assistir ao meu futebol? Vou deixar de ir ao barzinho com os amigos? Mas e a minha academia?". Recebo mães no consultório que falam que precisam ir todos os dias à academia para cuidar do corpo, não podem perder a atividade física para ajudar o filho num trabalho de escola. Dá para perceber que os pais também são reféns disto: "Tenho que pensar no prazer da minha vida porque não consigo sentir prazer cuidando do outro, porque vai haver desprazer, vou ter que suportar birra". Geralmente são pais que não conseguem desejar o próprio cuidado. Ficam reféns da estética do corpo. Por quê? Porque os outros vão olhar para aquele corpo. Estão reféns do olhar do outro sobre seu corpo. Porque ir seis vezes por semana à academia não é pela saúde. Não é preciso fazer isso pela saúde. É preciso lembrar também que ter um filho significa dedicar um tempo com ele, significa ter desejo por ele, abrir mão de alguns momentos para cuidar dele. Ou seja, significa ter prazer por aquilo que o filho proporciona, mas ter desprazer também, porque é preciso abrir mão de coisas da própria vida para poder oferecer para a vida do filho. É preciso abrir mão de algumas viagens para economizar dinheiro para pagar coisas do filho. Ou abrir mão de viagens porque não são adequadas para crianças. Abrir mão do futebol, da novela, porque o filho está de birra e o pai terá de levá-lo para o banho.

Ivan – Ou é preciso fazer a lição de casa com ele...

Iuri – ... porque ele lembrou que tem um trabalho de escola enorme para o dia seguinte, que esqueceu de fazer à tarde, e agora o pai terá que ajudá-lo. Ou seja, cuidar significa abrir mão de coisas próprias para cuidar do outro. E só somos capazes disso quando somos capazes de nos cuidar, quando aprendemos que, para cuidar de nós mesmos, também teremos de aprender a lidar com nosso desprazer. Se sei lidar com meu desprazer, saberei lidar com o desprazer que cuidar do outro vai gerar, possivelmente em mim e no outro, devido aos limites. E poderei me lembrar disto: desprazer não significa ter desprazer a vida toda. Significa que o desprazer de abrir mão da novela vai trazer o prazer de saber que o pai foi capaz de ajudar o filho, o que vai ter um impacto na vida dele. Lembrar que, se o adolescente abriu mão do prazer da festa, ele vai poder ter prazer no momento seguinte. Que toda escolha traz algo bom e ruim. Não existem escolhas que trazem apenas prazer. Quando se escolhe ir ao cinema, está se abrindo mão de ficar em casa e descansar, o mesmo acontece quando se opta por ir a uma festa. Toda escolha traz uma perda e, com isso, a sociedade não ensina a lidar. Quando escolhemos ter um filho, temos ganhos, existe o carinho, aquela sensação inexplicável de pai e mãe, mas também vai haver perda. Perdemos horários que eram só nossos, perdemos momentos, e é com isso que precisamos ensinar a sociedade a lidar hoje.

A equação afetiva: O medo dos pais como demonstração do amor

Ivan – E o que temos percebido muito é que os pais não desenvolvem a equação afetiva, não conseguem sentir o medo da perda do filho. Então, o filho acaba se tornando um objeto a mais na vida deles, como o carro, a casa... Eles amam o filho, mas não têm a outra parte da equação: o medo da perda. Por exemplo, o filho bate no amigo na escola. A mãe vai até lá, mas às vezes não quer perceber que o filho está com problema, por isso o defende. E pode ser que o filho esteja com um problema terrível: depressão ou algum transtorno grave de conduta. Ela não quer ouvir o que a escola está lhe dizendo. E defende o filho e acusa a escola, acusa a outra criança... Quem observa de longe pensa que essa mãe ama o filho. Ela o ama, mas não se preocupa de fato com ele, pois não mostra o quanto tem medo de perdê-lo. Quando uma mãe recebe uma queixa como essa, o amor e o medo ficam juntos, e ela, apesar de querer defender seu filho (amor), deveria também se preocupar com o que pode estar acontecendo com ele (medo). Ela só fica na parte do amor, como ama todas as outras coisas que tem, com um sentido conservacionista, protetor, mas não afetivo.

Iuri – Porque lidar com o medo traz desprazer.

Ivan – E o medo da perda está fora do alcance, porque a equação afetiva – amor e medo de perda – não se fez, não se realizou, pois essa mãe apenas respondeu ao amor, defendendo o filho, mas não imaginou, não equacionou que algo de errado pudesse haver com ele – medo de perdê-lo. Então, ela vai brigar com a escola, levar o filho para casa e pronto. Pode acontecer também de a escola chamar os pais porque o filho deles é autor de *bullying*. E a mãe simplesmente reclama da escola e volta para casa com a criança. Podemos pensar que se trata de uma mãe defendendo o filho. Mas ela não está protegendo ele, está condenando-o a uma sequência de repetições de mesmo tipo de conduta, pois "aprova", de alguma maneira, o que ele fez. Porque o filho é autor de *bullying*. E quem é autor de *bullying*, já sofreu *bullying*, às vezes até dentro de casa, e tem transtorno de conduta, que provavelmente vai evoluir para um transtorno mais severo, mais grave. E a mãe acabou de autorizar o filho a ser um "dono de si", um autor do que quiser, um narcisista.

Temos percebido bastante que alguns pais não fazem a equação afetiva, ficam apenas no amor, mas não no medo da perda. E as crianças vão se desenvolvendo com graves transtornos de conduta, depressão, problemas de comportamento, e os pais não se importam.

Iuri – Se tenho um medo real, preciso ter uma ação para poder cuidar desse medo. É essa ação que falta a esses pais. E para impedir isso, os pais afirmam, com essa conduta, não ter medo de perder. Assim, acreditam ficar apenas com o amor, mas sem conseguir pensar que o medo de perder tem que fazê-los aprender a cuidar do filho. E cuidar não só com amor, mas com ação de limite, tentando descobrir o que realmente está acontecendo.

Ivan – É importante pedir ajuda profissional, pedir ajuda para a escola, conversar com o filho e demonstrar o que sente: "Vem cá, filho. O que está havendo? O que você fez?". Ou seja, agir dentro da equação afetiva. Alguns pais costumam agir em apenas um dos polos da equação.

Iuri – Eles racionalmente relatam o medo. Sentimentalmente, não lidam com ele.

Ivan – Não sentem raiva, não ficam irritados; defendem o filho, colocam-se em uma posição de consentimento. Negam as patologias do filho porque não conseguem ter o outro lado da equação. Não sentem raiva, não têm vínculo com o filho, não o conhecem.

Iuri – Há mães que relatam coisas do tipo: "Descobri que meu filho fuma. Na verdade, fazia dois anos que eu suspeitava disso, mas não tinha certeza". E então eu pergunto: "Por que você esperou dois anos para tentar descobrir a verdade?". Quer dizer, se fazia dois anos que ela suspeitava de algo, fazia dois anos que estava vendo o problema.

Ivan – O medo deve ter ficado insuportável quando ela desconfiou: "Nossa, deixe-me revirar o quarto dele". Em casos desse tipo, o medo não funciona como propulsor da ação para ir até lá cuidar, se o adulto não puder suportar a raiva consequente a esse medo. O medo sempre deve consentir a presença da raiva e a raiva deve ser suportada por aqueles que se atreveram a cuidar.

Iuri – Teve uma mãe que agiu. Ela conseguiu agir em função do medo quando a filha voltou de uma viagem de intercâmbio. Essa mãe percebeu que a menina começou a agir de forma estranha, pois, quando ia entrar no quarto da filha, a menina ia correndo junto, como se estivesse querendo ver no que a mãe ia mexer – e, antes, a mãe sempre estava no quarto da filha, tinha essa liberdade tranquila. No dia seguinte em que a filha fez isso, a mãe foi lá, revirou o quarto todo e acabou achando uma garrafa de bebida e um maço de cigarros que a menina havia comprado. Isso é agir em função do medo. Se um dia eu desconfiei de algo, em vez de esperar encontrar, já vou atrás descobrir.

Ivan – Porque o medo gera essa ação de cuidado.

Iuri – E o filho pede cuidado. Agindo assim, a filha mostrou que ali tinha alguma coisa que ela não queria que a mãe visse. Ou seja, inconscientemente a filha pediu para que a mãe descobrisse o que estava escondendo. Inconscientemente, pediu essa ajuda. Porque se ela não fizesse nada, a mãe não desconfiaria nem reviraria o lugar. Os filhos inconscientemente dão um jeito de mostrar aos pais que não estão sabendo se cuidar e pedem ajuda. Tanto é assim que funciona que, quando a mãe achou a garrafa, a filha disse: "Eu comprei, na verdade, para a minha formatura, para dar de presente. Mas você guarda então, fica com você. Este eu vou jogar fora". A filha não reclamou.

Ivan – Como o ato de brigar na escola, de ir bêbado para casa, fazer barulho para acordar os pais: são pedidos que os filhos fazem para ser cuidados. Dessa forma, isso tem que gerar medo nos pais: "Nossa, meu filho está bebendo. Meu filho está fumando maconha, brigou, está praticando *bullying*". Quando não gera medo, significa indiferença. Só amar, sem o medo de perder, é indiferença. Podemos amar qualquer um, amar os amigos, o carro, o que quisermos. Apenas o amor não permite que você cuide. Então hoje, na sociedade pós-moderna, as pessoas não fazem a equação afetiva, seja com os amigos, com a família, seja com os filhos. E os filhos, quando ainda saudáveis, vão inconscientemente fazendo movimentos para ver se geram medo de perda nos pais, e vão aumentando esses comportamentos. Às vezes, como disse, até sendo presos, roubando e brigando na escola. E se isso não gera medo nos pais, chega um momento em que silenciam. Daí em diante, é preciso ajuda profissional.

Iuri – Uso sempre um exemplo em minhas palestras que aprendi com você, Ivan. Ele explica muito bem a questão da presença do medo como fator de cuidado e porque o contrário do afeto é a indiferença. Quando um filho em casa pega comida e corre para o sofá, geralmente os pais reagem brigando, gritando para ele que aquele não é lugar de comer. E se ele derrubar comida no tapete, dizem que terá de pegar um pano e limpar toda aquela sujeira. Por quê? Porque estão com medo de que o filho não aprenda como se portar, como se cuidar, como agir. Porém, quando recebem visita em casa, a primeira coisa que fazem é acompanhá-la até o sofá. Levam comida até lá e, se a visita derruba algo no tapete, pedem para que ela não se preocupe. Mesmo o tapete tendo acabado de ser lavado, vão dizer que não importa, que estava sujo de qualquer forma. Porque, nesse caso são indiferentes afetivamente. Não se importam se a visita vai aprender a se cuidar ou não, não têm medo referente à perda da visita. Se a visita se torna inconveniente, mesmo assim são simpáticos; depois que os convidados vão embora, reclamam: "Nossa, que povo. Nem se preocupou". Mas não há medo envolvido, afetivamente falando. Já quando se trata do próprio filho, surge o medo e os pais afetivos vão fazê-lo aprender o modo correto de agir. Parece que se trata melhor a visita, quando alguém vê a cena de fora. E essa é a grande diferença na equação sobre a qual você falou tão bem, Ivan: a equação do amor com o medo. Brigamos, nos preocupamos com quem temos esse afeto, com quem temos medo de que não aprenda. E é por isso que os pais não podem ser amigos dos filhos, porque desse modo vão querer agradar o tempo todo e não vão brigar. São poucos aqueles que brigam para cuidar dos amigos: "Não, você não vai beber mais. Já bebeu duas latinhas e ainda vai dirigir". Em quantas festas vemos amigos agindo dessa forma com o outro? Acontece justamente o contrário. Eles vão dando mais bebida. Porque as pessoas não permitem a expressão da afetividade e do cuidado. Mas, se assumimos isso e dizemos: "Tudo bem, eu sou careta, estou preocupado com meu amigo", o outro adora. Tenho amigos e parentes que até hoje, quando me visitam, meus pais pedem para que telefonem quando chegarem de volta em casa. Eles sempre ligam e adoram esse cuidado. Percebem que isso é uma expressão de cuidado, não de controle. Isso é preocupação verdadeira.

Bullying em casa

Ivan – O *bullying* é um evento histórico. Trata-se de um assédio moral que existe desde o tempo do homem das cavernas, nas sociedades depois da Idade Média etc. Sempre existiu. Onde havia diferenças sociais, humanas, havia *bullying*. Só que, hoje, o *bullying* adquiriu um *status* mais "pesado", mais terrível, porque a vítima não tem mais onde buscar ajuda. Pensemos nos anos 40, 50, 60, por exemplo. A criança sofria *bullying*, ia para casa chorando e tinha uma avó que morava ao lado, a tia querida, a madrinha que a botava no colo e acolhia aquela angústia toda. E aquela angústia de ter sido magoada passava ali no colo da tia, da avó, da mãe que estava em casa. Sempre havia uma palavra salvadora: "Mas aquele menino é tonto, não ligue para ele, você é melhor que ele etc.". Agora, a criança sofre *bullying* e volta para casa, mas lá não há ninguém. A avó mora longe ou nem existe mais, a família se repartiu, se dissociou, e ela não tem mais como ser acolhida. Como os pais também não têm medo de perder os filhos, às vezes a mãe não liga: "Ah, deixa disso, é besteira". Ou então o pai fala: "Amanhã você vai lá e xinga ele também". Não percebem a importância do sofrimento do filho.

Iuri – E a dimensão do impacto que isso pode ter.

Ivan – E a escola, às vezes, também não percebe o horror que o *bullying* traz. O *bullying* é um fenômeno histórico, mas hoje se torna mais perigoso porque as crianças não têm como ser acolhidas, ninguém se importa. A indiferença afetiva faz com que elas fiquem sós com esse horror dentro delas.

Iuri – Ou os pais as ensinam a praticar o *bullying*: "Então vai lá e xinga de volta. Torne-se você o provocador. Ou você provoca ou será provocado".

Ivan – Muitas crianças estão em estado depressivo e vão adoecendo por causa disso, porque não têm *self* suficiente para devolver o *bullying*. O autor do *bullying* também é sofredor. O que sabemos hoje? Estudos brasileiros, portugueses, americanos têm demonstrado que aquele que pratica o *bullying* é um sujeito que sofreu *bullying* doméstico, geralmente por volta de dois ou três anos de idade, quando as amígdalas cerebrais estão em seu mais pleno funcionamento. A criança de dois ou três anos está em uma fase que chamamos de fase anal, que é aquela em que a gente fala: "Filhinho, vamos com a mamãe?". E a criança responde: "Não, não quero, mamãe!". E aí, se os pais não têm bom forro psíquico, reagirão com a raiva, às vezes batendo de maneira horrível no filho, às vezes xingando a criança, sem compreender que ela é normal: "Você é um demônio, você está louca que nem sua avó, você...". Ou colocam apelidos: "Lá vem a diabinha...". Ou dão o nome para ela de uma pessoa da família da qual não gostam: "Lá vem a tia tal", que é uma pessoa horrível, de que ninguém gosta. Isso é *bullying*. Ou mesmo quando a criança de cinco anos começa a engordar e o pai a chama de "porquinha" e lhe coloca apelidos. Isso também é *bullying*.

Conversando hoje com meninos e meninas autores de *bullying*, percebemos que sofreram *bullying* doméstico, de avós, tios, tias, irmãos mais velhos ou dos pais. E, com o passar do tempo, eles mesmos começaram a se tornar, a partir dos dez, 11, 12 anos, autores de *bullying* na escola. Escolheram e passaram a agredir coleguinhas mais frágeis, que tinham alguma coisa diferente: orelhas de abano, sobrepeso, baixa estatura, nome esquisito...

Iuri – ... ou que eram inteligentes, com boas notas, diferentemente deles, que, por estarem em sofrimento ou terem sofrido esse *bullying* em casa, não conseguiam se concentrar na escola. A diferença não é apenas a diferença da sociedade. É qualquer criança que seja diferente como pessoa.

Ivan – E então, pelo medo que provoca, o abusador acaba atraindo pessoas que ficam ao lado dele e formam grupinhos que praticam *bullying* nos escolhidos. Portanto, uma criança abusada, se não for tratada, vai se tornar abusadora de outra criança. O autor do *bullying* foi, muitas vezes, vítima de *bullying* doméstico. Se não for cuidado, se alguém não prestar atenção nisso, ele vai se tornar autor de *bullying*. Nós falamos que o córtex pré-frontal se forma aos 25 anos. Então, a educação é um ato constante. E sempre tem alguma coisa que não dá certo, um comportamento que não conseguimos fazer acontecer. O ser humano é plástico, a cada momento há uma coisa a ser educada, a ser corrigida. E às vezes a tolerância dos pais é muito pequena, e eles começam a agredir o filho verbal ou fisicamente. E essa criança vai de, alguma forma, se tornar autor de agressão ou de *bullying*. Hoje, sabemos que o Wellington, aquele garoto que atirou em alunos numa escola no Rio de Janeiro, em 2011, era vítima de *bullying* desde pequeno. Ele era adotado, apanhava na escola, depois passou a ser assediado de maneira muito terrível pelas meninas. E tem ainda o caso do menino de dez anos que, pouco tempo depois, em São Caetano, São Paulo, nos surpreendeu atirando na professora e se matando em seguida. Ele também era vítima de *bullying*. O *bullying* hoje é um processo estressor grande, traz uma doença chamada transtorno de estresse pós-traumático (TEPT), que gera somatoses, pode causar câncer, depressão, doenças autoimunes como a psoríase, queda de cabelo, câncer de mama nas meninas etc. Não vamos conseguir impedir que o *bullying* aconteça nas escolas e na sociedade, mas podemos alertar os pais, para que evitem agredir seus filhos pequenos. Criança não pode ter apelido danoso ou ofensivo, não pode ser educada com agressões verbais ou físicas. Isso pode gerar um monstro no futuro.

Estamos na pós-modernidade e temos dois autores franceses que falam muito disso: o filósofo **Gilles Lipovetsky** e o psicanalista **Charles Melman**. O que dizem sobre a pós-modernidade? O que está acontecendo conosco? Hoje em dia, estamos eliminando a equação afetiva, a montanha-russa, da vida das pessoas. Com isso, estamos eliminando o desejo, que é fazer com que as pessoas, as crianças se sintam desejadas e, com isso, comecem a ter os próprios desejos. O que é um desejo? Desejo é ter um alvo, um sonho na vida. Significa estar preocupado com o mediato. Quero, por exemplo, ser médico-veterinário, ou então quero encontrar uma forma de despoluir o mar. Esse desejo é o que vai dar prazer ao indivíduo, e ele começará a lutar e a acreditar naquilo. No entanto, ao "pular o desejo", estamos indo ao encontro de um objeto sem desejo, sem o caminho do desejo, que é a espera, a luta, o tempo. Estamos, assim, realizando o gozo simplesmente, o prazer, sem o "sonho", sem a ideia inicial do que queremos atingir com nosso corpo, com nossa alma, com o tempo da nossa vida.

Prazer imediato x desejo pela vida

Iuri – Percebe-se, com tudo o que foi dito, que precisamos ter desejo pelas coisas significativas para a própria vida, para se ter a vida em si plenamente.

Ivan – Isso. E o que nossa sociedade está fazendo? Está matando o desejo das pessoas. E fazendo algo que em psicanálise chamamos de "princípio do prazer", o gozo a qualquer custo. Estamos, portanto, dizendo às pessoas que a vida não vale a pena, que é preciso ter prazer já, sem espera, sem trabalho. Por exemplo: "Você está namorando? Veja o trabalho que dá. Tem que pegar na mão, conversar...".

Iuri – "... se você tem namorada, tem que ficar ligando para justificar aonde vai." Ou seja, a sociedade coloca isso como se fosse uma coisa negativa, porque acredita que não se pode ter o medo da perda.

Ivan – Já se o rapaz vai ao barzinho, por exemplo, lá está cheio de mulheres. Então, ele pode simplesmente levá-las para a cama e ir embora. O que Charles Melman e Gilles Lipovetsky apontam em nossa sociedade é: "Viver o já". Funciona mais ou menos assim: segunda-feira tem bar, terça-feira tem bar, tem balada, tem mulher, tem homem, tem sexo etc. O prazer é já, pulamos a coisa do interdito, do esperar. Esperar para o namoro dar certo, esperar para ir para a cama etc.

Iuri – Pula-se aquela fase de primeiro paquerar, depois conhecer...

Ivan – Ou esperar para chegar no sonho e então ter prazer com ele. É começar a ter prazer já. Não esperar, por exemplo, pelos símbolos, pelos eventos. A sociedade pós-moderna se diferencia das outras exatamente por isto: pela morte do interdito, pela morte do símbolo. Então, no Natal, por exemplo, o pai pergunta ao filho: "O que você quer ganhar?". "Uma bicicleta", diz a criança. E em outubro ela ganha a bicicleta e o símbolo acabou. É a morte dos símbolos, dos mitos, a morte do sonho, da espera. Porque o maior prazer que um indivíduo pode ter é na espera do gozo. Quando se mata a espera do gozo e o gozo acontece agora, começa a haver tédio, vazio. Aí, preciso ter um gozo maior, tenho que encontrar um objeto de gozo maior. E nesse momento começa a haver as perversões. Portanto, o sujeito não precisa mais ter uma única mulher, precisa ter duas, precisa frequentar casa de *swing*, por exemplo. A perversão toma conta da sociedade. E mesmo a pessoa possuindo dinheiro, ela precisa roubar para ficar com a sensação de que teve um prazer diferente etc.

Iuri – Porque em uma sociedade em que se vive pelo prazer, espera-se que esse prazer se preencha na pessoa, que ele a satisfaça plenamente. Se essa pessoa não teve a construção do *self* por aprender a esperar, por ter desejo próprio e vive em função do prazer, o prazer, como é imediato, acaba. Tem começo, meio e fim. E então ela já tem que pensar novamente em um novo prazer. Por mais que hoje sinta prazer por comprar uma roupa, por exemplo, amanhã terá de comprar outra porque aquele prazer já acabou.

Ivan – E o objeto perde o sentido, pois não estava associado a nenhum desejo, a nenhum evento, a nenhuma data ou símbolo; não estava carregado de "afetividade" ou de mito.

Iuri – Perde o sentido e o valor. Por exemplo, numa festa, enquanto beija uma menina, o rapaz já está olhando ao redor para ver quem vai ser a próxima que ele vai beijar. Porque aquele beijo já está acontecendo, não acontece mais, não tem mais o prazer em si. Porque é simplesmente o beijo pelo beijo, e não pelo desejo pela pessoa. São relações efêmeras, uma vez que o indivíduo só se relaciona pelo prazer físico, pelo prazer do beijo, do momento, e não pelo prazer da relação em si. Porque a relação vai trazer desprazer, dedicação, vai trazer conversa, montanha-russa. E como o prazer é uma coisa rápida acaba gerando um anseio pelo novo, por mais: "Eu acabei de ganhar um ovo de Páscoa, mas já comi, então preciso ganhar outro", "Acabei de ganhar o *videogame*, joguei dois dias e não tem mais graça, preciso de um novo".

Ivan – Ou ganhou um jogo novo. Então, o menino tem cem jogos e ele põe um, tira, põe outro... compulsivamente. Ele faz isso sem prazer, apenas com a compulsão, repetindo gestos sem se relacionar prazerosamente com o objeto em si.

Iuri – E já está pensando naquele outro jogo que está sendo lançado e que ele ainda não tem. O prazer pelo prazer em si não constrói a personalidade, a pessoa, não constrói uma vida; sem o desejo, ela não constrói o futuro.

Ivan – E começa a gerar uma ansiedade que vai se transformando numa angústia insuportável. Lembrando que angústia significa vazio, desamparo.

Iuri – Não há medo de perder o prazer porque ele é instantâneo.

Ivan – Não passa pela ansiedade do medo.

Iuri – Os casamentos também têm funcionado assim: o indivíduo casa enquanto está indo tudo bem. Começou a gerar briga e desprazer, separa e casa de novo. Então, as pessoas casam três, quatro, cinco vezes.

Ivan – E a lei vem favorecendo isso. Hoje, é possível se divorciar no dia seguinte ao casamento. A sociedade vai facilitando esse tipo de coisa. A pessoa pode roubar e, se for presa, paga fiança e é liberada. Vai se facilitando a desarmonia com o *self*.

Iuri – Não há consequências...

Ivan – Não há consequências, não há mais desprazer. E, então, vamos constituindo a perversão. O que é a perversão? É a perda da raiva, do medo e da culpa. O que é o psicopata, o perverso? É um sujeito que parou de usar a amígdala. Ele não sente nem raiva, nem medo nem culpa, vai vivendo apenas do prazer e buscando esse prazer sem raiva, sem medo, sem culpa...

Iuri – E também não constrói o juízo crítico. Porque o juízo crítico é a relação da parte pré-frontal com a amígdala. Se não tem desenvolvimento da amígdala, não há funcionamento do pré-frontal. Portanto, ele sabe o que é certo e o que é errado, mas não vai agir conforme isso.

Ivan – Ele é capaz de matar alguém e ir dormir porque não sente medo nem raiva disso. O pai abandona a criança e nem se preocupa se ela precisa ou não dele, simplesmente vai embora com outra mulher. Essa é a sociedade pós-moderna. A sociedade que nega a afetividade e a ética como valores e torna o prazer como a única fonte de vida. A sociedade moderna, anterior a esta, ainda estava dividida entre manter a afetividade, manter os símbolos, as datas e a busca pelo prazer. E a sociedade anterior à sociedade moderna ainda preservava esses valores e tentava mostrar a necessidade de nos apegarmos à vida com afetividade. O que mudou? Mudou a maneira de encarar a vida. O que é a sociedade pós-moderna? É a sociedade da descrença. Portanto, os indivíduos não acreditam que o afeto possa ser uma coisa boa, porque ele os prende a uma única pessoa. Eles têm, por exemplo, que ficar cuidando dos filhos e não podem ir ao bar nem à sauna, nem ao jogo. A sociedade pós-moderna é uma sociedade narcisista e hedonista. E os amigos? Não existem mais amigos, mas parceiros de prazer. Não há mais um amigo fixo. Os sujeitos da sociedade pós-moderna não vão perder tempo com ninguém nem com nada. Por exemplo, uma prova escolar na segunda-feira... Na segunda, eles vão pensar no que fazer: "Alguém deve levar uma 'cola' legal". É assim: prazer, prazer e prazer.

Iuri – Uma sociedade na qual o marido sai com outra, mas enquanto a mulher não descobrir não há problema...

Ivan – Como a esposa não vê o problema, ele não existe. O prazer virou um direito: "Eu tenho que ter prazer". E é como alguns pais ensinam os filhos a fazer. De repente, no meio do ano letivo, tem criança viajando para a Disney – para ter um prazer – e perdendo aula.

Iuri – "Vai perder só duas semanas, não tem problema", dizem os responsáveis. Ninguém espera mais para ter prazer.

Ivan – Não espera a época certa das férias para ter prazer.

Iuri – Não espera o relacionamento amadurecer para ter relação sexual, para que seja uma troca de carinho em que ambos se conhecem. As pessoas saem hoje para o bar, do bar para o motel, voltam para o bar para pegar outra pessoa e levar ao motel.

Ivan – E aí o sexo não é mais um prazer. Tem que vir acompanhado de álcool, às vezes de drogas, às vezes de outra pessoa no quarto...

Iuri – Ou de jogos sexuais, o dado que vai falar o que se deve ou não fazer. Não é meu desejo. Hoje, as pessoas compram dadinhos, baralhos sexuais... Ninguém mais pode desejar. É simplesmente pelo jogo.

Ivan – As pessoas têm que ficar incrementando o prazer, porque um único prazer não é suficiente. É preciso haver vários prazeres juntos e somados.

Iuri – Só que isso é uma bola de neve que nunca vai ter fim.

A importância de saber esperar

Ivan – Charles Melman diz que, quando uma sociedade chega a esse ponto, atingiu o caos. Porque isso nos aproxima de algo que Freud chamava de pulsão de morte. Chega um momento em que não há mais com o que ter prazer, não há mais o que fazer. Por exemplo, o quarto está cheio de brinquedos, o computador está cheio de jogos, e a criança diz: "Mãe, o que eu faço agora? Não tenho nada para fazer". E isso por causa do tédio: "Eu já tenho tudo. E já tive prazer com tudo. O que eu faço agora? O que eu faço, mãe?".

E assim passa a haver a morbidez, a aproximação com a morte, o desejo de morrer. A vontade do suicida, a ideação suicida começa a aparecer. O número de suicídios vem aumentando, bem como o número de depressivos. Ou seja, uma sociedade hedonista começa a se aproximar da pulsão de morte, como aconteceu com algumas sociedades que enriqueceram muito, como a Dinamarca, a Finlândia e o próprio Japão. Chegou um momento em que, na Dinamarca, houve muitos suicídios por dia. As pessoas começaram a lidar com prazer, prazer, prazer e se tornaram suicidas, pois não havia a presença do desejo, do sonho, do vir a ser.

Iuri – Acho que essa é a marca da sociedade atual. É uma sociedade na qual todo mundo tem tudo, mas não tem nada, porque tem tudo de material, de possibilidades. Hoje, por exemplo, é muito mais fácil viajar do que 20, 30, 40 anos atrás, porque existem muito mais aviões, as passagens aéreas são mais baratas etc. A possibilidade de termos coisas materiais, computadores é enorme. Você pode ver TV quando quiser, pois é 24 horas por dia. Só que as pessoas relatam: "Eu não tenho nada". Elas ficam cinco horas em frente à TV, mas não têm prazer. A sensação do simples prazer, do prazer material, já não preenche mais.

Ivan – Não há espera. E a espera é prazerosa, pois ela nos remete ao imaginário, à imaginação, à criatividade, à nossa relação mais pura com nosso psiquismo, que é sempre uma relação de prazer. Há um velho ditado que diz: "O melhor da festa é esperar por ela", lembra disso?

As amígdalas nos dão duas defesas: a ansiedade e o medo. A ansiedade funciona mais ou menos assim: "Filho, em dezembro, vamos viajar para a Disney". Então, todo dia a criança pergunta: "Mãe, já é dezembro?". Isso é um prazer.

Iuri – Esperar pelo aniversário, pela noite de Natal para ganhar o presente ou comemorar e reunir a família...

Ivan – ... o primeiro beijo, a primeira relação, ter dinheiro para comer aquele prato gostoso... Essa espera acabou. Então, as amígdalas interrompem sua função.

Hoje, existem adolescentes que já têm relações sexuais, mas sem a força da afetividade. Trata-se de um ato mecânico, apenas o gozo, não há afeto junto. É só o gozo, é só a carne. E aquilo acaba e eles precisam fazer um pouco mais. Aí, juntam ao sexo o álcool, a maconha. E precisam contar o que fizeram, precisam filmar e postar o vídeo no YouTube, para que todos vejam. E isso vai criando um tédio, que é o cúmulo da angústia. Não tem espera, eles não conseguem esperar, não têm expectativa nenhuma. Aí surgem os transtornos obsessivo-compulsivos (TOC), as doenças degenerativas psicológicas... A sociedade pós-moderna matou o desejo. O que é o desejo? É aquilo que ponho lá na frente e começo a fazer de tudo para alcançar. Não há mais sonho. Eu preciso ter gozo agora, nem que, para isso, tenha de prejudicar o outro.

Mesmo com tanta facilidade sexual que existe hoje em dia, o número de estupros aumentou. Há roubo dentro das escolas. Na sala de aula, um aluno pega alguma coisa na mochila do outro e tira dinheiro de lá sem precisar, só pelo prazer de um gozo, não de um objeto que precisaria ter. Aí, há falência da equação afetiva e as amígdalas começam a perder sua função. Hoje, o sujeito humano tem ansiedade pelo quê? Pelo gozo apenas. Então, inventa gozos. Por exemplo, um gozo pode ser querer bater naquele menininho. Vemos muitos casos na escola de jovens do colegial batendo em crianças do quinto, do sexto ano. E isso se chama perversão. A perversão nada mais é que a falência da amígdala: a falência da culpa, do medo e da raiva. E o que fazer quando chegamos a esse ponto? Charles Melman respondeu a essa pergunta com o livro *O homem sem gravidade*, dizendo que precisamos começar de novo...

Iuri – Precisamos resgatar as instituições mais importantes do filho. Primeiro, a família. Isto é, resgatar a família montanha-russa, a família afetiva, que se preocupa, que cuida, que olha para o outro. Resgatar as instituições cuidadoras, resgatar a escola como formação de sujeito, e não mais como informação apenas. Porque parece que algumas escolas estão entrando nesse mesmo ritmo, deixando de lado a parte afetiva que existia para ser apenas geradoras de informação. Parece haver uma batalha entre algumas escolas nesse sentido. Antigamente, se aprendia a ler e a escrever com sete anos. Hoje, crianças com cinco anos já têm que saber ler e escrever. Isso é um absurdo do ponto de vista médico/psicológico, porque uma criança de cinco anos não está neurologicamente preparada para ler e escrever. E é informação atrás de informação. Coisas que antes aprendíamos na sétima e oitava séries, hoje se aprende no sexto ano, a antiga quinta série. Mas parece que, atualmente, quanto mais informação, melhor. Algumas vezes é negada ao professor a possibilidade de parar a aula e dizer aos alunos: "Vocês estão agitados. Vamos conversar sobre o que está acontecendo. Estou vendo que vocês estão preocupados". Os professores relatam que não podem fazer isso porque faltará tempo para ensinar o conteúdo do currículo. Então, é preciso resgatar na sociedade isto: não adianta termos crianças cheias de informação, mas sem a capacidade de lidar com ela.

Recebi no consultório um menino muito inteligente, mas mal emocionalmente. O pai estava em outra cidade, onde ele considerava não haver escola boa. Então, eu disse que informação se recupera depois, mas a saúde mental desse menino, não. Nossa sociedade se preocupa tanto com a quantidade de informação que será adquirida e esquece que o que faz a gente se cuidar não é informação. Nunca existiram adolescentes com tantas informações. Atualmente, existe uma discussão sobre o fornecimento gratuito de camisinhas nas escolas de ensino médio. Mas os jovens já têm acesso à camisinha, eles têm acesso até às drogas. Camisinha, eles aprenderam a usar com dez anos de idade no Google. Todo mundo que pegou Aids, HPV ou qualquer doença sexual, ou mesmo engravidou, muitas vezes tinha camisinha no bolso e sabia como usá-la, mas não usou. Não falta conhecimento ou acesso à informação. O adolescente tem acesso ao que quiser. Temos é que resgatar a afetividade, e não mais o conhecimento. De conhecimento a sociedade está cheia. Hoje, a gente brinca, existe o "doutor Google": basta a pessoa digitar para descobrir o que quiser. Na internet, crianças de cinco anos, se quiserem aprender a montar uma bomba, montam. Temos crianças com informação, mas que não têm a formação. Pais e escolas, em vez de cuidarem, dão apenas informação, mas não formação.

Então, temos que resgatar primeiro a família. E esta é a grande preocupação de muitos profissionais: ninguém tem acesso às famílias. Não temos lugares onde as famílias possam se reunir e discutir o como cuidar. Não importa qual profissão do mundo o indivíduo queira exercer, sempre haverá um curso disponível. Mas como ser pai e mãe, que é a coisa mais importante do mundo, ninguém ensina. O indivíduo se porta em função daquilo que acha, daquilo que foi ensinado pelos pais, do que ouviu na TV...

Ivan – ... ou baseia-se no contrário de como foi cuidado.

Iuri – Exatamente. Então, resgatar a família hoje, eu acho que é a parte mais difícil, porque não temos uma instituição que faça isso. É preciso resgatar as escolas como formadoras de pessoas, não somente como informadoras; resgatar instituições religiosas, não importa qual religião, não mais como culpadoras, e sim como um espaço em que as pessoas possam se reunir, discutir e resgatar valores. E o que a sociedade permite hoje para que a gente tenha esse resgate? Quase nada.

Sobre o contato virtual

Iuri – Hoje, as crianças deixam de conversar na escola para chegar em casa e interagir com os colegas virtualmente.

Ivan – Há dois problemas nisso. O primeiro é sério demais, que é a questão cerebral. O cérebro é uma coisa e nossa vida psicológica é outra. Mente e cérebro são coisas separadas e nunca se unem. O cérebro funciona à parte de nosso psiquismo. Então, tudo que o cérebro – nosso sistema límbico, que envolve nossas memórias, as amígdalas cerebrais – vê, ele trata como se fosse verdade. Quando uma pessoa – criança, adolescente ou adulto – passa um longo período no mundo virtual, em conversas ou nas redes sociais, ou vendo filmes, o cérebro começa a tratar aquilo como a verdade dele. Então, se uma pessoa fica muito tempo conversando nas redes sociais, com gente conhecida ou desconhecida, aquilo passa a ser o real. Tanto que, às vezes, os adolescentes saem da escola, onde estão vivendo com os amigos no real, e vão para casa desesperados para conversar com os mesmos amigos pelo teclado. Porque, ali, eles conseguem ser outra pessoa. Eles falam de maneira diferente, dizem coisas que não diriam verbalmente no simples contato olho no olho; no teclado ou na tela, há a chance de se viver um não *self*, uma outra personalidade, agora dada pela forma "escondida" (falsamente escondida) que a vida virtual favorece. É possível dizer, escrever, mostrar sentimentos, formas de pensar ou mesmo definições de vida que não exigem um "vivido" ou uma existência legítima. E ali nós entramos numa outra personalidade.

Iuri – Namorados estão conversando e começam uma discussão: "Então, entra no MSN para a gente discutir". E discutem ali, porque aquele ambiente tira a afetividade. Tira o olho no olho, o escutar a voz, tira a entonação. E eles dizem que no MSN conseguem falar mais, porque ali se livram do medo.

Ivan – E, repetindo, ali é possível mudar a personalidade. O tempo que se passa dentro desse mundo virtual pode fazer surgir algo que chamamos de síndrome da despersonalização, que é a aproximação do sujeito com a psicose. Porque, quando ele voltar para a realidade, ele não conseguirá mais voltar de um jeito normal. Às vezes, ele precisa dizer alguma coisa, então pega o celular, que tem internet, e digita. Outras vezes, usa o celular para avisar o outro que está mandando uma mensagem. A síndrome da despersonalização já é um ponto que algumas universidades começaram a tratar. Nessa síndrome, a pessoa desenvolve uma personalidade paralela, que em psiquiatria chamamos de personalidade *as if*, "como se". O sujeito começa a viver "como se" fosse outra pessoa. Então, no MSN, ele assume outra personalidade, que consegue dar conta daquela briga com a namorada, daquela conversa com os amigos, do *cyberbullying* etc.

Iuri – Consegue falar coisas que, como pessoa real, fora da virtualidade, não teria coragem ou não conseguiria expressar.

Ivan – E na síndrome da despersonalização, o indivíduo precisa ficar mais e mais tempo no mundo virtual, pois começa a ter dificuldades graves para se ver no mundo real. A virtualidade, em si, agora é seu mundo, é sua pertinência de vida. Algumas crianças e adolescentes, às vezes, quando a mãe os manda dormir, fingem estar dormindo e, quando ela vai se deitar, voltam para o computador e passam a noite acordados, vivenciando o prazer da virtualidade, dos jogos, do contato com "amigos", com estranhos, com aprendizagens que desaparecem logo, pois não são frutos de um desejo.

Iuri – E os pais deixam o computador no quarto dos filhos porque assim não são atrapalhados na hora de assistir à televisão, e acabam não percebendo que o filho vai ficar até às seis da manhã conectado. Apenas quando escuta os pais acordando, ele finge que estava dormindo para levantar e ir à escola.

Ivan – E assim estamos criando uma geração em que as crianças, quando tiverem entre 31 e 35 anos, poderão sofrer um surto psicótico e se tornar esquizofrênicas. Trata-se de uma coisa muito séria.

Como a gente faz? Tem que dar limite. O uso dessas ferramentas de comunicação virtual tem que ser temporal.

Tem que durar certo tempo, e depois a realidade precisa preponderar, para que tudo funcione: a máquina psíquica, os sentimentos, a amígdala, enfim, a equação afetiva. Caso contrário, há morte psíquica, e a virtualidade fica sendo o meu mundo. Só que isso despersonaliza o indivíduo. É algo muito complicado.

    O segundo problema desse mundo virtual é a exposição. Não sabemos quem está nos programas de redes sociais, do outro lado da tela. E a sociedade pós-moderna conta com muita gente que já tem falência das amígdalas (raiva, medo e culpa) e possui uma coisa chamada transtorno de conduta, que é a psicopatia. O que é o psicopata? É o sujeito que se aproveita do outro, da ingenuidade daquela dona de casa que está mal no casamento, por exemplo. Ele começa a ouvi-la, então a leva para a cama, para fingir que é um bom amante, e acaba tirando tudo dela. E ele está na internet também, nas redes sociais, seduz pelas redes de relacionamento. Seduz crianças porque se passa por criança, seduz adolescentes e adultos. Esse é o psicopata. Temos tido muitos sequestros, muitos casos de abuso porque as crianças dão seu endereço na internet e ficam sozinhas em casa. O sujeito vai até o condomínio, elas mandam abrir o portão porque é o "tio" que chegou. Há a exposição ingênua, porque, como há despersonalização, o córtex para, as amígdalas param, não há juízo crítico nem noção da realidade, já que a realidade virtual é a que está presente.

Iuri – O córtex pré-frontal, que dá a noção de juízo, não funciona corretamente, o que faz com que a pessoa não tenha senso crítico e não consiga planejar suas ações e, logicamente, suas consequências. Esse é o córtex pré-frontal...

Ivan – ... que dá a noção de juízo crítico. E o indivíduo se torna ingênuo. O emocional para, o superego para. Então, a pessoa acaba ficando apenas virtual. O cérebro pensa que tudo aquilo é verdade. Quando o sujeito apenas lê na tela o que está escrito, sem os sentimentos de quem escreveu, interpreta o que quiser, como quiser, muitas vezes ingenuamente...

Iuri – Antes dessa época da televisão 24 horas, da internet 24 horas, as coisas tinham começo, meio e fim, e as pessoas tinham que lidar com isso, com o desprazer do fim. E isso era dar noção de realidade. Atualmente, isso não acontece e as pessoas não conseguem colocar esse limite, o que é um sério problema da sociedade pós-moderna. A internet e a televisão são ferramentas de possibilidades infinitas. Então, a criança sabe que, mesmo que pare naquele momento, aquilo vai continuar funcionando. Ou seja, o prazer não tem fim, continua o tempo todo. E isso tira a noção de realidade, tira a noção de que as coisas têm um fim. Há os jogos virtuais que não acabam, por exemplo. Se morrer, a pessoa começa de novo. Se morrer, tomar um tiro, o jogo começa de novo. Essa vivência virtual faz com que a criança tenha essa despersonalização e perca a noção do fim. Pode-se conversar com qualquer pessoa do mundo e não perceber que há uma limitação. Mesmo existindo a limitação do outro, a participação de outro na conversa, não existe essa percepção por parte do sujeito despersonalizado. O indivíduo não percebe que, do outro lado, tem outra pessoa, que não sabe se o que ele está escrevendo é certo ou errado, e perde a noção da realidade.

Ivan – Mas como o cérebro trata tudo como verdade, tudo o que vem é verdade.

Iuri – Assim o sujeito não consegue perceber o outro como sujeito humano, com sentimentos e vivências próprias. Porque não há olho no olho, não há presença. E os pais hoje não só permitem isso, como muitos deles também estão vivendo essa noção de que o computador tomou conta da vida. É o dia todo, o tempo todo. Pessoas que chegam ao trabalho e estão lá escrevendo, conversando em *chats* e redes virtuais, e ninguém consegue mais dar um limite para o fim. O computador virou uma babá eletrônica perfeita, porque o filho não dá trabalho, ele chega da escola e fica de uma da tarde até às dez horas da noite no computador. E o pai tem a TV só para ele, tem o momento dele, não tem reclamação do filho.

Ivan – Não tem criança atrapalhando o lazer do adulto...

Iuri – E essa falta do fim faz com que a criança perca a noção da realidade, de até onde pode ir ou não. Até onde pode usar as redes virtuais? Até onde pode conversar com um conhecido ou desconhecido?

Ivan – A falta do fim das coisas se torna atemporal, ilógica e irreal. Tudo que vem é verdadeiro, porque essa falta se torna apenas cerebral. Sem a amígdala, sem ansiedade, sem raiva, sem medo, sem culpa e sem juízo crítico para avaliar as pessoas. Sem o córtex para dizer: "Opa, esse cara aí pode ser...".

Iuri – E isso está fazendo com que as crianças não consigam mais ter relação presencial. Elas não conseguem mais olhar no olho. Se alguém as olha no olho, elas se incomodam, desviam o olhar para baixo, para o lado. Não conseguem mais ter o contato afetivo do abraço. Existem crianças que, quando abraçadas, acham aquilo estranho: "Mas ninguém nunca faz isso comigo", dizem. O contato físico deixou de existir, porque há apenas o contato virtual. Isso faz com que as crianças estejam, ao mesmo tempo, em contato virtual com tantas pessoas, mas extremamente sozinhas. Hoje, perguntamos às crianças: "Você encontra seus amigos?". A resposta é não. Aquela coisa de ir à casa do amiguinho para dormir lá é mais rara hoje em dia. A criança que mora em prédio às vezes nem sai do apartamento.

Ivan – Mas tem mais de mil amigos nas redes virtuais.

Iuri – Então, ao mesmo tempo, elas estão em contato. E comparam: "Eu tenho sete mil seguidores em um programa, quatro mil amigos na outra rede social...". Hoje a comparação é assim. Existe até um *site* que ensina como fazer para ter mais seguidores nas redes sociais. Há inclusive disputa entre personalidades, o apresentador da TV contando que conseguiu dois milhões de seguidores fazendo não sei o quê. Existem as regras: todo dia é preciso postar alguma coisa, falar sobre tal assunto, falar sobre seu dia. Eles ensinam como ter mais seguidores, mas não como conversar.

A sociedade prega, cada vez mais, o isolamento social no sentido de contato físico, de estar próximo, para buscar o virtual. Estamos substituindo o pessoal pelo virtual. Hoje, pouca gente combina de sair, de se encontrar durante a semana. Porque a maioria das pessoas tem tantas atividades e, ao mesmo tempo, estão isoladas. Não têm contato. Não têm contato para brincar, para se encontrar. Existem adolescentes que passam o fim de semana apenas conversando virtualmente. Um jovem me contou isto: eles estão no barzinho e cada um no seu celular trocando mensagens. Damos uma olhada nas redes sociais e está lá: "Estou no barzinho", e tiram foto do que estão bebendo e postam ali. E percebemos que estão todos isolados no barzinho.

Ivan – Eles estão em determinado lugar, mas continuam virtuais.

Iuri – E aí a vida fica virtual. A pessoa tem que postar o que bebeu, a foto do que comeu e o que está fazendo agora, em vez de conversar com quem está sentado bem à sua frente. Ela coloca tudo ali para ver quantas pessoas responderão virtualmente o que acharam do que ela comeu. Se formos em barzinhos hoje, veremos que em cada mesa há pessoas digitando no celular, acessando a internet, postando o que estão fazendo. A vida se tornou virtual. Não se consegue mais contar nada presencialmente.

Ivan – E a despersonalização é atemporal. O primeiro sintoma é essa atemporalidade, perder a noção do tempo. O segundo sintoma é a quebra da equação afetiva. E o terceiro sintoma é a quebra do "eu", a quebra do *self*, do ego. E, futuramente, há um risco muito grande de uma ruptura desse ego e de o indivíduo começar a ter sintomas esquizofrênicos, como já estão aparecendo por aí. Algumas universidades já contam com programas para receber essas pessoas. Quando a ruptura é muito forte, não temos como voltar atrás, porque as psicoses reativas são difíceis de ser revertidas. Não há como revertê-las, porque isso acontece com o tempo. Não há como resolver porque é um processo que vem acontecendo. Então, está lá aquela criança que passa o dia inteiro em frente ao computador e começa a não ter mais relação de corpo próprio. Ela não sente o corpo. Vai tomar banho e não sente a água pelo corpo, não sente a esponja no corpo. Aliás, ela toma um banho tão rápido para voltar logo para o computador que nem lava o corpo direito. Ela não sente mais sabor. Come os alimentos e não sente mais o gosto salgado, doce... E a vida agora é só mental. Então, ela está digitando no teclado do celular...

Iuri – ... ao mesmo tempo em que está "rodando" um joguinho...

Ivan – ... ouvindo música...

Iuri – ... e com a televisão ligada na sala.

Ivan – Isso aumenta a rapidez do processo dissociativo. A criança fica na sala de aula conversando pelo celular com o colega que está na sala ao lado, sem conseguir mais prestar atenção no que o professor está ensinando, porque ela vai desenvolver características parecidas com o transtorno de déficit de atenção (TDA), característico da dissociação. Que, às vezes, o médico vai confundir com um problema neurológico, mas, nesse caso, não é neurológico. Já é um processo dissociativo. A criança vai começar a ter problemas de memória, e já está com problemas de atenção e concentração.

Iuri – E não por ter um déficit de atenção característico em si, mas pela despersonalização, que fica parecendo déficit de atenção. O TDA é neurológico, necessita de uma avaliação especializada e tratamento adequado. Nesse caso, também é necessária uma avaliação adequada, mas o problema não é neurológico, mas psicológico/psiquiátrico.

A raiva como um pedido de cuidado

Ivan – Os pais precisam impor limites. Pode usar computador? Pode, mas tanto tempo por dia. Depois, precisa fazer outra coisa, precisa mexer em coisas da realidade: dançar, fazer um curso, jogar futebol para ter contato com os outros, para poder calcular onde a bola vai cair etc. Precisa ter contato com a realidade e com a raiva, ao perder um jogo, por exemplo.

Iuri – E é preciso dar um limite para o fim do jogo: "Você está há uma hora no computador, agora tem que desligar".

Ivan – É preciso tirar o computador da criança e pensar bem no que vai dar a ela. Há crianças que vêm a meu consultório que têm três celulares.

Iuri – E a cada seis meses ganham um novo. Recebo no consultório crianças que têm oito MP3, quatro MP4, três MP8. Porque cada vez que os pais ou parentes viajam, trazem um novo.

A criança se torna ansiosa e não consegue criar desejos duradouros. Passa também a ter dificuldades para cuidar de seus objetos, pois sempre terá um outro. Para mudar essa situação, tem que haver um limite, que é o corte do virtual, com a entrada na realidade. Essa criança precisa ter apoio, de forma que o desejo (limite) dos cuidadores (pais e parentes) forneça suporte para a raiva que surgirá por esse corte, para que a criança ou o adolescente possa ter contato com o real. Para isso, os pais devem limitar a quantidade e o uso desses objetos. O problema é que as famílias querem "recompensar" o tempo ausente que passam longe das crianças dando presentes. E assim a criança perde a noção da realidade, de que não é possível ter tudo o que quer. E essa perda é prejudicial, o que mais nos preocupa é a falta do contato real. Peço muito para as mães possibilitarem que o filho durma na casa de um amigo, e vice-versa. Em muitos casos, quando isso acontece e pergunto para a criança como foi, ela acaba relatando que um ficou no computador, o outro ficou no *videogame* e depois trocaram. Então, eles não estavam juntos. Tem criança que nunca viu jogo de tabuleiro, não sabe o que é isso. Nesse caso específico, os pais nunca deram um de presente, nunca sentaram no chão e jogaram com o filho.

Ivan – Muitas crianças e adolescentes com algum problema de comunicação, conseguem se manifestar melhor quando peço para que desenhem. E aí, eles ficam alucinados por terem desenhado, até pedem para desenhar de novo. Muitos deles não desenham na escola, não desenham em casa... Outro dia, deram uma caixa de lápis de cor para uma criança ficar desenhando enquanto a mãe era atendida, e ela não queria ir embora. A criança ficou apaixonada, nunca tinha manipulado lápis de cor, e essa menina frequenta uma escolinha... A mãe até pediu para levar a caixa.

Iuri – Alguns pacientes têm tudo da mais nova tecnologia. E eu tenho uma sala de jogos que eram meus quando criança, jogos feitos há 20, 30 anos. Brinquedos que eram os que eu jogava com meu irmão, com meus pais. E quando esses pacientes veem aquelas caixas rasgadas se apaixonam, às vezes pelos brinquedos mais simples. Eles nunca tiveram a chance de sentar e jogar um jogo.

Ivan – E o jogo, normalmente, depende da reação de outro.

Iuri – O que um joga vai depender da reação do outro, que vai depender da minha reação... E algumas crianças, alguns adolescentes não têm isso mais. Eles não têm mais essa vivência com o corpo.

Ivan – E isso aciona as amígdalas cerebrais porque cria ansiedade, raiva, quando se perde no jogo. Aciona a equação afetiva porque isso faz o indivíduo se relacionar com o outro. Chamamos isso de transferência. Nossa afetividade com nossos clientes se chama transferência. É por isso que nosso trabalho funciona, por causa da equação afetiva. Não se trata de um trabalho frio. Conseguimos resgatar alguns pacientes porque fazemos com que as amígdalas e a afetividade se acionem novamente. E às vezes nos surpreendemos com coisas que não imaginávamos. Com um lápis de cor, por exemplo.

Iuri – A criança brinca no *tablet*, mas não tem lápis de cor.

Ivan – Nunca imaginou que o dedo dela fosse capaz de produzir aquilo. E ela fez tanto desenho que acabaram nossas folhas de sulfite. "Posso levar? Posso mostrar para minha vó?" Temos aí o ganho da criatividade, do instinto de vida, da relação do sujeito com um objeto puro, simples, que ele manipula e passa a desejar algo pelo imaginário, pela imaginação.

Uma outra criança tinha visto uma galinha pela primeira vez. Depois disso, ela não queria mais comer o sanduíche de frango da lanchonete porque era feito de galinha. O contato que tem com os amigos é: "Quantos pontos você fez no jogo tal?". E às vezes eles ficam *on-line* com gente que não conhecem disputando um jogo, mas não disputam no dia a dia o sentimento que têm um pelo outro, a amizade que podem ter, o valor que isso tem. E acabam descobrindo isso às vezes na terapia. Recebo pacientes que dizem: "Nossa, senti sua falta, senti saudades de você. Não via a hora de voltar".

Iuri – Às vezes, damos um abraço e eles estranham: "O que você está fazendo?". "Estou te dando um abraço." E eles se incomodam, porque ninguém faz isso em casa. E de repente, eles voltam: "Você vai me dar um abraço?". Tem menino que se joga no chão, porque sabe que eu vou chegar e dar um abração nele. E aí eu descobri que ninguém o abraça. Por quê? Porque ele reage, se joga no chão, agride, grita, faz birra, então deixam para lá. E esse menino, com cinco anos de idade, não era abraçado. Desde que saiu do colo nunca mais foi abraçado.

Ivan – Nem pelo pai, nem pela mãe, nem pela avó. É preciso haver o resgate e a permissão para o funcionamento amigdalar, o resgate da vida afetiva. As amígdalas cerebrais mais o amor – a afetividade – são as chaves para fazermos a sociedade funcionar novamente. Então, o barulho dentro de casa na família, a gritaria, é necessário. A gente não vai passar disso. Não existe uma forma de amor sublime na qual todo mundo só gosta de beijo e abraço. É a montanha-russa. A montanha-russa é necessária. A permissão para as amígdalas funcionarem é necessária. E aprender a suportar isso é sublime... e sagrado também.

Iuri – Permissão para as amígdalas funcionarem, não para a criança fazer o que quer. Para ela ter direito de sentir raiva sobre o limite imposto.

Ivan – E o tripé cuidado, afeto e limite é a base para recomeçarmos uma sociedade. Porque esta sociedade caótica em que vivemos, ela se mata. "Ah, você não quer mais me namorar? Então vou te matar." Não é nem por raiva. É pelo narcisismo: "Não vai ser minha? Então não vai ser de ninguém".

Iuri – Foi o que aconteceu com a Eloá, aquele caso amplamente divulgado pela mídia em que o ex-namorado a fez de refém e a matou.

Ivan – "Ou eu mato você ou me mato..."

Iuri – "Ou eu mato você ou me mato, mas ficar sem namorar você não pode." Ou seja, para esse sujeito, se tem o impulso, ele tem que acontecer.

Ivan – É o impulso, entende? O indivíduo precisa ter o gozo, ele não é capaz de lidar com a frustração e viver o luto. Essa é a sociedade da qual Lipovetsky e Charles Melman falam. Ou seja, uma sociedade do caos que se dirige à pulsão de morte. Nesse sentido, hoje o número de suicídios é cada vez maior. Episódios como o do garoto Wellington, do Rio de Janeiro, e casos de crianças que vemos todo dia brigando na saída da escola são pedidos de ajuda. São pedidos que essas crianças e adolescentes fazem para ser acolhidos, para receber o cuidado de alguém.

Iuri – Estão mostrando que não estão sabendo se cuidar, que tem algo acontecendo e que ninguém está olhando para eles.

Ivan – E que ninguém tem medo de perdê-los, que é o outro lado da equação afetiva.

Iuri – Venho desenvolvendo um trabalho em uma escola pública estadual de Campinas, no interior de São Paulo. E houve uma professora que, quando eu estava fazendo a avaliação das crianças dessa escola, me chamou para falar do caso de um aluno, que não era da sala dela. Era uma criança que começou a ficar muito agressiva e a atacar a professora da sala dele. Ao ouvir o barulho, essa professora que me procurou se dirigiu até lá, e o menino, que tinha nove anos, jogou a mesa nela. Perguntei se alguém já havia conversado com a criança e ela disse que não. Eu disse a essa professora que me pediu ajuda o seguinte: "Em um intervalo, você vai chamar esse menino na sua sala, já que vai estar vazia, e vai conversar com ele, perguntar o que está acontecendo, o que o está incomodando. E vai tentar descobrir o que está acontecendo com esse menino. Ele está pedindo ajuda para você, a agressividade é um pedido de ajuda. Se ele se dirigiu a você, é porque ele sente que você é capaz de suportar essa agressividade e ajudá-lo". E ela, com a perna roxa, topou. No começo ele disse que não havia nada e que não gostava da escola, mas de repente começou a falar e a chorar e contou uma história horrível sobre a família dele, sobre o que acontecia em casa. Os pais eram separados, o pai era bandido, traficante e a mãe usuária de drogas, e o garoto era espancado diariamente dentro de casa. A professora ficou perdida, mas abraçou o menino. No dia seguinte a essa conversa, o menino começou a ir penteado e arrumado para a escola, sentou à carteira, terminou de fazer a lição e pediu à professora da sala dele se poderia mostrar para a outra professora. E ele começou a fazer todas as lições, nunca mais foi agressivo na escola e ainda se tornou um bom aluno. Com nove anos de idade ele estava no quarto ano do ensino fundamental e não sabia ler nem escrever. Mas a professora passou a ensiná-lo à parte da classe, e ele começou a aprender a ler e escrever. Nesse caso, ele estava com um problema emocional e ninguém havia prestado atenção.

Ivan – Hoje em dia, temos alunos e alunas, desde os pequeninos até o ensino médio ou até a faculdade, agressivos dentro da sala de aula. Eles trazem consigo, contra colegas ou contra professores, uma agressividade cujo fundamento é o sistema límbico, as amígdalas cerebrais. O fundamento dessa agressividade é que alguém venha para conter esse sentimento, porque em casa isso já não está mais acontecendo. Em casa ninguém liga. E o que pedimos aos professores é que compreendam isso. Por que essa agressividade está indo para a escola? Porque eles estão vendo se na escola surge alguém, como essa professora que foi orientada, que os chame e pergunte: "O que está acontecendo?". E que os escute, os acolha, os compreenda, pois enquanto a raiva estiver sendo manifestada, ainda é possível alguma ajuda, alguma intervenção afetiva, psicológica, familiar.

Iuri – É a agressividade como um pedido de cuidado.

Ivan – A agressividade, a raiva, é filha do medo, sempre é filha do medo. Esses alunos estão apavorados, a angústia está muito grande. E eles não têm ninguém que tenha medo de perdê-los. E, às vezes, um professor simplesmente se importa com eles e esse fenômeno de ajuda, de acolhimento acontece. Às vezes, a atitude do professor salva um aluno, que começa a se ligar a esse professor porque ele se importou. Quando a gente se importa com alguém é porque tem medo de que algo ruim aconteça com ele. Mais uma vez, temos a equação afetiva. Hoje, as escolas estão cheias de alunos que riscam a parede, riscam a carteira, gritam, agridem, mas, na verdade, essas condutas são pedidos de ajuda. Os alunos quietos que estão dormindo apáticos na carteira, esses nós já perdemos, provavelmente. Os que estão gritando, batendo são os que ainda estão pedindo ajuda. A escola precisa acordar e ir até eles, porque eles ainda têm como ser ajudados.

Iuri – E é preciso repensar isto: até onde a escola pode entender que vale a pena essa "perda de tempo" para resgatar os alunos, em vez de apenas passar informação. Porque é isso que vai fazer com que eles estejam preparados para aprender as informações da vida. Em relação a esses casos que temos visto por aí, como o do Wellington e o do menino que atirou na professora, será que houve tanta preocupação em dar informações que se esqueceu de prestar atenção nos alunos e conversar com eles, que suas angústias não foram percebidas?

Houve um outro caso em que me pediram para avaliar um garoto: "Ele não presta atenção, está muito desatento, não consegue parar, fica olhando para o teto, está atrasado nas matérias". No primeiro dia em que vi esse menino, sentei diante dele e conversamos. Ele simplesmente começou a relatar a história de vida dele, que é terrível, repleta de espancamentos, a mãe é aidética e, depois que descobriu que tinha a doença, ainda quis ter outro filho e se separou do pai. Com cinco anos de idade, o garoto teve que separar briga dos pais. O pai deu um chute na boca dele que fez o filho "voar" longe. E ele começou a me contar a história e a chorar. Um menino bom que, quando terminou de me contar tudo isso, começou a falar sobre ele. E eu perguntei o que ele queria ser quando crescesse, e ele falou que queria ser um advogado que cuidasse de crianças abandonadas pelos pais. Então eu chamei a professora e pedi que ela conversasse com ele. E na semana seguinte, a professora veio até mim chorando e dizendo que não sabia o que fazer, e eu simplesmente pedi que ela desse atenção a essa criança. E pronto, a gente nem precisou terminar a avaliação porque ele começou a prestar atenção. É preciso conversar com os alunos agitados, desatentos, e não pensar que a criança é preguiçosa. Ninguém é assim porque quer. Ninguém nasce assim, a não ser que tenha problemas médicos, por isso a importância da avaliação por profissionais adequados e a atenção dos cuidadores certos para cada caso, desde pais e professores ao profissional da saúde.

Ivan – Temos que lembrar que todo sintoma é um pedido, tanto nas doenças quanto nos comportamentos. E quando a gente aprende e compreende isso, a gente aprende e compreende a possibilidade de ajudar o outro. O sintoma é um compromisso do psiquismo para nos levar a fazer um pedido aos outros. Tanto que são os sintomas que levam as pessoas ao consultório. Foram os sintomas que ergueram as teorias da psicanálise, da psicologia, da psiquiatria. É por meio dos sintomas que a gente começa a desvelar algumas grandes doenças e alguns grandes problemas. A professora só precisa escutar, não precisa fazer nada. E quando as pessoas conseguem contar sua história, elas melhoram muito. O problema é que ninguém quer perder tempo escutando. E é ouvindo que conhecemos as pessoas, os alunos, as amizades, os filhos, os familiares. Porque sempre existe alguma coisa para contar. Uma vida inteira não dá tempo de contar tudo que temos de história. Nas redes sociais, as pessoas não contam histórias. Contam vivências às vezes alteradas, mentirosas do momento. Elas contam só o momento atual.

Iuri – Não contam o sentimento que a história trouxe.

Ivan – Mudam a gramática. Alguns substantivos e verbos são alterados. E entram em jogo formas gramaticais novas que não trazem sentimentos. São símbolos que usam na internet, símbolos de risinho, por exemplo. E não há sentimento.

Então, a equação afetiva vai embora. Podemos perceber, portanto, que há tanto sofrimento por trás das pessoas e elas vão acabar matando isso definitivamente com a despersonalização.

Iuri – Muitas pessoas não escutam as outras porque não querem perder tempo ou porque, com esta sociedade narcísica, não conseguem suportar o que ouvem de uma vida que o outro traz, muitas vezes sofrida, com dor e angústia. Elas não suportam a dor, a angústia do outro. Por quê? Porque ouvir a dor do outro também nos angustia. E como as pessoas hoje não sabem lidar nem com as próprias angústias, não conseguem parar e ouvir a angústia do outro.

Ouvir a angústia do aluno significa saber que isso pode gerar incômodo. Tem que suportar o próprio incômodo para poder suportar o incômodo dessa criança, para que ela tenha a quem relatá-lo. Só que muitos não aguentam suportar. E este está sendo um grave sintoma da nossa sociedade: as pessoas não suportam angústias, nem as próprias e muito menos as dos outros. Se não suportamos as angústias do outro, ele não terá onde colocar a angústia, então os sintomas começam a ser gerados: agressividade, psicopatias, uso de drogas. Não adianta fazer propaganda sobre os males das drogas. Eu não conheço um drogado que acha que droga faz bem. Eles sabem que vai fazer mal para a saúde. Mas, como, com o uso, conseguem relaxar essa angústia, continuam usando. Não adianta colocar na televisão: "Se beber não dirija". Isso nunca mudou. Temos essa informação há não sei quantos anos e ela nunca mudou a sociedade. As propagandas, por exemplo, dizem que se você beber, vai ter um monte de mulheres bonitas, um monte de amigos e muito prazer. E aí faço o politicamente correto: se quando bebo não devo dirigir, bebo então "moderadamente", finjo que fiz minha parte e todo mundo finge que está tudo certo.

Ivan – Lembrando que a bebida leva ao gozo imediato, e beber moderadamente é algo muito complicado, porque o bar está aberto todo dia...

Iuri – Todo mundo sabe que isso é a hipocrisia da sociedade atual. A hipocrisia constante é outra coisa da qual a sociedade está impregnada. Então, todo mundo finge que se preocupa quando, na verdade, ninguém está pronto para se preocupar de verdade. A gente pensa em falar que a droga faz mal e ninguém para e pensa por que alguém se envolve com drogas. Como uma criança de 13 anos consegue entrar numa biqueira e comprar maconha? Eu tive um caso de uma mãe que foi ao meu consultório com todas as conversas de MSN do filho e descobriu que ele não apenas usava drogas, como era o traficante do prédio. Ele pegava droga com o motorista da *van* da escola, que levava ele de manhã e à tarde trazia os pequeninos. Esse menino comprava por um real cada cigarro de maconha e pedrinha do motorista da *van* e vendia por dois reais no prédio todo. Ele vendia de tudo no prédio. E o interlocutor dele era o motorista da *van* que trazia crianças para o prédio no fim do dia. Como um menino de 13 anos conseguiu todos esses contatos? Então, a mãe se deu conta de que ele ficava o dia todo no computador, vendo TV, sozinho. E o que levou uma criança de 13 anos a chegar a esse ponto? Por trás disso tem a história que ninguém suporta ouvir...

GLOSSÁRIO

Damásio, Hanna (1942): Neurocientista portuguesa, é professora e pesquisadora do Departamento de Neurologia da Universidade de Iowa, nos Estados Unidos. Casada com António Damásio, pesquisador do mesmo departamento, é coautora de diversos de seus trabalhos. Com ele, ficou conhecida pelos estudos sobre a consciência humana e o mecanismo biológico das emoções.

Freud, Sigmund (1856-1939): Médico neurologista e psiquiatra austríaco, ficou conhecido como o "pai da psicanálise" por seu pioneirismo nos estudos sobre a mente e por apresentar ao mundo o inconsciente humano. Dentre seus seguidores destacam-se Alfred Adler e Carl Jung. Possui diversas obras publicadas.

Klein, Melanie (1882-1960): Psicanalista austríaca, não teve formação acadêmica, foi sempre autodidata. Considerada a responsável por desenvolver a técnica da análise de crianças, procurou desvendar a psicanálise infantil e questões sobre o desejo. Ampliou o campo da clínica para pacientes psicóticos e autistas e adotou um novo estilo de trabalho para o atendimento de pacientes neuróticos adultos. Suas pesquisas deram origem à escola kleiniana da psicanálise.

Lipovetsky, Gilles (1944): Filósofo francês e professor de filosofia da Universidade de Grenoble, é especialista em pós-modernidade. Participou ativamente na reformulação do ensino de filosofia na França e tem vários livros publicados, entre eles *A era do vácuo* e *O império do efêmero*.

Melman, Charles (1931): Psicanalista francês, foi um dos principais colaboradores de Jacques Lacan. É autor de diversas obras de referência na área da psicanálise e um dos fundadores da atual Association Lacanienne Internationale.

Winnicott, Donald Woods (1896-1971): Pediatra e psicanalista inglês da segunda metade do século XX.

Especificações técnicas

Fonte: Adobe Garamond Pro 12,5 p
Entrelinha: 18,3 p
Papel (miolo): Off-white 80 g/m^2
Papel (capa): Cartão 250 g/m^2